国家自然科学基金委员会面上项目：家族参与对组织二元性及其价值效应的影响机制研究：基于社会情感财富视角（71672173）

本书受浙江大学管理学院出版资助

创业者中庸思维与创业激情
对新创企业绩效的影响机制研究

马翠萍 著

Research on the Influencing Mechanisms of
ENTREPRENEUR'S ZHONG-YONG THINKING
and ENTREPRENEURIAL PASSION
on New Venture Performance

ZHEJIANG UNIVERSITY PRESS
浙江大学出版社

前 言 FOREWORD

　　创业是社会经济发展的重要引擎，其对产业结构升级调整和社会就业岗位增加具有重要的推动与保障作用。新创企业作为最具活力的社会实体之一，是创业活动的关键角色和中坚力量，因此通过推动新创企业的成长与发展，促进创业与创新，推动国家供给侧改革，增加社会就业，已经成为中国"保增长、稳增长"国家战略下的必然选择。我国政府和社会高度支持创业创新，通过良好社会环境的打造、优惠政策的推行、优质资金的引入等措施，促进企业的建立与成长。在政府、社会和产业界的支持下，中国的新创企业在近几年呈现出"井喷式"增长。2015年中国日均新增企业近1.2万家，2016年中国日均新增企业1.5万家。但是中国新创企业的存活率并不高，有49.7%的企业寿命不足5年，仅有17.7%的企业寿命超过10年。因此，如何推动新创企业的持续成长，促进新创企业竞争优势的提升，已成为我们迫切需要解决的重要现实问题。

　　创业者，作为新创企业的创办者与管理者，在新创企业的生存和发展过程中扮演着重要的角色，因为他们是新创企业战略的制定者和组织行为及组织氛围最重要的建立者和引导者。从创业者的角度，探索创业者如何影响新创企业的组织战略、组织行为以及组织绩效已成为创业领域以及组织管理领域的一个重要研究课题。企业在初创阶段，面临着众多的不确定因素，如不明朗的行业发展前景、尚待开发的市场以及成熟强大的竞争对手。在高度不确定环境下的创业过程中，不仅创业者的理性认知发挥着重要作用，非理性的情感也深刻影响着创业过程。本书将从认知和情感两个视角出发，分析创业者对新创企业绩效的影响机制。具体来说，本书探索创业者中庸思维和创业激情对新创企业绩效的影响机制。中庸思维是受中国传统儒家文化影响而形成的一种认知风格,是当代中国创业者中普遍存在的一种认知方式。创业激情是创业者对创业活动所持有的一种强烈且积极的情感,是创业成功的关键影响因素。

高阶梯队理论为这一研究问题提供了有益的视角。高阶梯队理论认为,创业者的个人特质(如认知和情感)会通过影响组织战略或组织行为来影响组织绩效;同时高阶梯队理论指出创业者对组织影响作用的强度还取决于外部环境因素(如行业环境),以及创业者自身情况(如事业心)。另外,心理学理论指出认知和情感是人类在决策过程中同时存在的两个系统,两者交互影响个人行为以及组织行为。因此,本书基于高阶梯队理论和认知情感交互作用的视角,探索创业者中庸思维以及创业激情对新创企业绩效的影响机制,并探索了二者交互作用对于新创企业的影响。

具体来说,本书基于高阶梯队理论,从创业者认知与情感两个视角出发,结合关系、机会、组织创新、人力资本与社会资本、环境动态性等理论和观点,从三个方面展开研究:(1)探索创业者中庸思维对新创企业绩效的影响机理,并分析组织关系的中介作用,以及环境动态性的调节作用;(2)探索创业者创业激情对新创企业绩效的影响机理,探讨机会获取的中介作用,以及创业者先前行业经验与社会资本的调节作用;(3)探索创业者创业激情与中庸思维交互作用对组织创新以及新创企业绩效的影响。通过对这三个方面的研究,本书揭示创业者中庸思维和创业激情对新创企业绩效影响的机制,并验证中庸思维与创业激情交互作用对新创企业绩效的影响机制。

本书以新创企业为研究对象,通过问卷调查以及实证研究的方法,利用多元回归进行数据分析以验证假设模型。本书得出的基本结论:(1)创业者中庸思维对新创企业绩效具有正向影响,对组织关系网络有正向影响,且组织关系网络完全中介创业者中庸思维与新创企业绩效之间的关系。创业者中庸思维与组织关系网络之间的作用关系受到环境动态性的调节。技术动态性越高,创业者的中庸思维更有利于建立企业的组织关系网络;市场动态性越高,创业者的中庸思维对新创企业关系网络的构建与维护的作用越弱。(2)创业者创业激情对新创企业绩效有正向影响,对机会获取有正向影响,机会获取完全中介创业者创业激情与新创企业绩效之间的关系。当创业者没有先前行业经验时,创业者创业激情对机会获取影响显著,而当创业者有先前行业经验时,这一影响作用不显著;创业者社会资本越多,创业者创业激情与机会获取之间的关系越强。(3)创业者创业激情对组织创新及新创企业绩效具有正向影响,组织创新中介创业者创业激情与新创企业绩效之间的关系。创业者中庸思维程度越高,创业者创业激情与组织创新之间的关系越强,创业者创业激情与新创企业绩效之间的关系也越强。

本研究丰富了新创企业绩效影响因素的研究,拓展了组织战略研究领域关于创业者影响组织行为与绩效的相关研究。同时,它还丰富了中国情境下中国创业者认知和情感对于组织战略、行为以及绩效的影响机制研究,拓展了认知和情感视角下创业者对于新创企业的影响。本研究的结论为创业者如何通过培养中庸思维以及创业激情来增加新创企业竞争力提供了指导,为政府提升新创企业绩效提供了有效指导。

在本书的写作过程中,我的博士生导师古继宝老师给了我很多建议,我的博士后合作导师窦军生老师和陈凌老师也对本书提出了很多宝贵的修改意见。由于时间有限以及能力所限,本书的部分内容仍有不尽如人意的地方,疏漏之处在所难免。衷心希望广大读者朋友能够批评指正。

马翠萍

2019 年 9 月 27 日

目 录 CONTENTS · · ·

第1章

绪　论

1.1　研究背景

1.1.1　现实背景

在全球化竞争日益激烈的背景下,通过发展创业型经济获取竞争优势已经成为全球共识。谁能在全球竞争中有效助推创业创新,谁就能在未来发展中更快掌控主导权和主动权(陈文玲和张茉楠,2015)。全球主要国家纷纷调整其战略方向,相继制定推动创业创新的战略规划及行动方针。如美国2011年发布的《美国创新战略:确保经济增长与繁荣》,突出了创业创新,并提出"创业美国计划",力图加快科技成果转化,增加成长型企业的数量,进而促进经济增长。德国2008年制定了《中小企业创新核心计划》,通过加大政府资助力度来推动中小企业的创业创新。日本2013年发布的《日本复兴战略》提出日本在未来要大力推动新创企业的发展,着力提升新创企业比例。

中国在面临国际经济竞争加剧,国内经济下行压力加大的情况下,推动创业创新成为其应对国际竞争和促进国内经济发展的必然选择。随着中国人口红利的逐步减弱,生产要素成本的不断上升,中国已经无法通过传统的经济增长模式助推经济的发展,创业创新成为新经济常态下经济增长的重要助推器(Wong et al., 2005;王琨和闫伟,2016)。2011年中国政府发布《"十二五"中小企业成长规划》,强调要激发创业活力,鼓励中小企业的创办。2014年中国政府提出"大众创业、万众创新"这一"双创"战略,致力于激发亿万群众的创业激情与创造力,扩大就业,促进创新,从而实现国家强盛、人民富强。中央政府与地方各级政府从政策、创业孵化器、风险投资与税收等多个方面为"双创"松绑。2014年政府相继推出了多个促进"双创"的政策指导文件,如《关于大力推进大众创业万众创新若干政策措施的意见》。据科技部2015年统计数据,我国有1600多家面向科技企业的孵化器,创业投资机构超过1000家,创业投入资本量超过3500亿元[①]。

在政府的大力推动下,中国民众创业激情高涨、创业活力大增,新创企业如雨后春笋,纷纷建立。据清华大学创业研究中心发布的《全球创业观察中国报告》,中国创业排名不断提升,中国已经成为全球创业活动最为活跃的地区之一[②]。中国新创企业的数量也是年年攀升。根据中国工商总局的数据,2013年中国每日新增企业0.69万家[③],2014年中国每日新增企业数量已经超过1万家[④],2016年每日新增企业已经超过1.51万家[⑤]。

虽然在政策支持下,中国新创企业呈现"井喷式"发展,但是中国新创企业存在着平均寿命短、成活率低的问题。2013年发布的《全国内资企业生存时间分析报告》指出,企业成立后3~7年是企业死亡率最高的时期,在2008—2012年退出市场的394.22万家企业,平均寿命是6.09年,其中寿命在5年以下的占退出企业总量的59.1%。当然新创企业寿命短、成活率低并不只是中国新创企业面临的问题,全球新创企业都因为其面临的新进入缺陷、资源限制等困境,而存在生存率低等问题(Stinchcombe, 1965)。有研究指出美国每年的新创企业中仅有3.5%能够发展为大企业,大部分新创企业都会失败(Barringer et al., 2005)。德国1997—2008年10多年间创办的企业,存活率总体不到10%,也就是说有90%多的企业被淘汰(房路生,2010)。因此如何提高新创企业成活率,推动新创企业生存和发展,提升新创企业竞争优势,成为迫切需要解决的现实问题。

---

① 参见 http://news.china.com.cn/2015lianghui/2015-03/11/content_35021269.htm。

② 参见 http://finance.sina.com.cn/emba/tsinghuasem/20130117/093714315303.shtml。

③ 参见 http://www.gov.cn/xinwen/2017-07/19/content_5211461.htm。

④ 参见 http://news.hexun.com/2014-10-14/169323958.html。

⑤ 参见 http://www.xinhuanet.com/fortune/2017-01/19/c_1120340325.htm。

1.1.2 理论背景

创业者作为创业活动的发起者、组织者与管理者,对新创企业的生存和成长发挥着决定性的作用(Shane and Venkataraman, 2000;Baron and Tang, 2011)。以往在关于新创企业绩效影响因素的模型中,创业者被认为是一个不可忽视的关键因素(Sandberg and Hofer, 1988;Chrisman et al., 1998)。创业是一个在高度不确定情况下进行的价值创造活动,创业面临着快速的变化、激烈的竞争,创业者如何解决新创企业面临的新进入缺陷、资源限制、合法性缺失等难题,如何选择战略以实现企业的初步生存与成长,得到了学术界的广泛关注(Cooper et al., 1994;Zhao et al., 2013;De Jong et al., 2013)。

高阶梯队理论为我们理解创业者在新创企业中如何发挥作用提供了有效的理论框架。高阶梯队理论指出,由于组织战略决策具有高度复杂性,且创业者自身具有有限理性,创业者会基于其认知和情感进行战略选择,从而使得组织成为他们个人特征的折射(Hambrick and Mason, 1984)。创业者对组织绩效的影响通过组织战略决策或组织行为进行传导,且当组织处于初创期时,创业者对组织的影响作用更大。另外,创业者对组织影响作用的大小受到外界环境因素以及创业者自身其他特点的影响(Hambrick, 2007)。

创业既是一个认知过程(Mitchell et al., 2002;Mitchell et al., 2007),也是一个情感过程(Baron, 2008;Cardon et al., 2009a;Cardon et al., 2013),因此从创业者认知视角和情感视角探索其对新创企业成长的影响成为近二十年来学者们关注的焦点。

1.1.2.1 创业者认知视角

在现有关于创业者如何影响新创企业绩效的研究中,认知视角受到了学者的广泛关注。学者们认为创业过程是一个认知过程(Mitchell et al., 2002;Mitchell et al., 2007;苗青,2005)。创业是创业者基于自身认知结构和认知差异来感知外部环境,进行机会识别与开发,制定并执行战略决策的过程,因此从创业者认知视角解读其创业行为,有助于加深理解创业者的思维和决策过程以及行为动因(Krueger, 2003;Mitchell et al., 2007;Krueger and Day, 2010;Grégoire et al., 2011;丁明磊等,2009;陈昀和贺远琼,

2012）。创业认知是指创业者"对机会评估、企业创立和成长等事项进行评估和决策时使用的知识结构"（Michell et al., 2002）。简要说，创业认知就是创业者在整个创业过程中的认知思维模式。现有关于创业认知的研究主要集中在反事实思维（Baron, 2000；Gaglio, 2004）、计划谬误（Baron, 1998）、直觉型认知风格（Sadler-Smith, 2004）、乐观主义（Hmieleski and Baron, 2009；Adomako et al., 2016）等方面。但是认知思维方式受国家及区域文化的影响，不同国家的创业者因为不同文化的影响而拥有不同的认知方式（Mitchell et al., 2000；Nisbett et al., 2001；Armstrong et al., 2012）。在创业研究呼吁考虑区域文化情境的背景下，考虑不同文化背景下创业者认知方式对创业过程的影响也成为必然（Tung et al., 2007；Lu et al., 2013；Zhu, 2015）。

中庸思维是中国企业家群体中普遍存在的一种认知方式（李兰，2009），在儒家文化影响下形成的中庸思维强调人际关系的和谐，注重全局观点和利益，懂得换位思考（吴佳辉和林以正，2005；廖伟伦，2013）。虽然在全球化背景下，中国企业家学习西方的科学管理知识与思维，但其受传统文化影响而形成的中庸思维很难被改变（Ip, 2009）。在全球化竞争加剧、市场化机制逐步完善的当代中国经济形势下，传统的中庸思维方式对于新创企业的生存和发展是否仍具有积极作用是一个值得探讨的问题（陈建勋等，2010）。虽然目前中国人的中庸思维已经受到了国际研究学者的注意，但是现有研究更多是集中在对中庸思维内涵的界定，关于中庸思维有效性的探讨也大多停留在定性研究层面（Ji et al., 2010），少有的几篇关于中庸思维的实证文章仅探讨了员工中庸思维对其个人创造力、压力感知等的影响（Chou et al., 2014；Yao et al., 2010），很少有文章探讨中庸思维对组织的影响。虽然国内对中庸思维的研究较多，但关注领导者中庸思维如何影响组织层面变量的仅有一篇，即陈建勋等（2010）研究了领导的中庸思维对组织绩效的影响，并探索了组织双元战略导向的中介作用。虽然这一研究关注了领导者中庸思维对组织内部战略的影响，但忽略了中庸思维对企业外部资源获取的影响。

对于面临资源缺陷的新创企业而言，从外部获取企业发展所需的资源，对新创企业的生存与发展十分关键（Li et al., 2014）。因此从外部资源视角，探索创业者中庸思维对新创企业绩效的影响机制在当下中国转型经济背景下尤为重要。虽然目前中国全球化、市场化进程不断加快,但是中国仍处于经济转型期,具有市场制度还不完善、产权缺乏有效保护、制度环境不确定性较大等特征(Li and Zhang, 2007)。另外,在"差序格局""关系本位"的中国特殊国情下,关系在中国的经济活动中仍然发挥重要作用(费孝通,2005;Zhu, 2011)。在制度不完善的市场环境中以及注重关系的社会环境下,创业者的中庸思维能够通过考虑外部利益相关者的利益与诉求,平衡双方之间的冲突与利益,营造良好的关系网络,进而帮助新创企业获得企业发展所需要的资源,促进新创企业的发展。此外,根据高阶梯队理论,创业者个人对于组织的影响作用受到外界环境的影响,因此在探索创业者中庸思维对于组织行为的影响过程中,需要考虑环境因素的影响(Hambrick and Mason, 1984)。当前中国经济处于巨大变革之中,企业所处的行业竞争加剧,技术更新换代的速度更快,顾客的偏好难以预测,因此行业环境不确定性(包括技术不确定性和市场不确定性)会影响创业者中庸思维在组织中作用的发挥。但是现有研究还较少从企业构建外部资源获取的关系网络角度,探索创业者中庸思维对于新创企业绩效的影响机制,也没有考虑外部行业环境因素可能对创业者中庸思维对组织影响强度的调节作用。

1.1.2.2 创业者情感视角

创业过程不仅是一个认知过程,也是一个情感过程。创业者的情感深植于创业过程,对创业决策和行为产生重要的影响(Baron, 2008;Cardon et al., 2009a;Cardon et al., 2012)。尤其创业是在高度不确定的、快速变化的环境下执行具有创新性的任务,在这种动态环境及创新任务状态下,情感的作用,对于行为和决策的影响十分显著(Baron, 2008)。学者们认为,创业激情作为创业者在创业过程中表现出来的对创业相关活动的强烈积极情感(Cardon et al., 2012a),是创业过程中创业者表现出来的最为明显的现象(Smilor, 1997;Cardon et al., 2009a;谢雅萍和陈小燕,2014),因此,近十年来对创业激情的研究得到了学者们的关注。

创业激情被认为是驱动创业行为的重要因素,目前学者主要探讨和实证检验创业激情在创业过程中发挥的积极作用(谢雅萍等,2016),如创业激情如何影响创造力、创业韧性、创业努力程度、创业自我效能、创业警觉性、创业意向等(Murnieks et al., 2014;Cardon and Kirk, 2015;De Clercq et al.,

2012;Syed and Mueller, 2015;方卓和张秀娥,2016;梁祺和王影,2016)。根据学者的研究,创业激情在创业活动中主要扮演着行为驱动者的角色(Cardon et al., 2013),以及情感感染的角色(Cardon, 2008;Chen et al., 2009)。因为创业的不确定性,创业过程中必然伴随着许多的困难,创业激情能够帮助创业者坚持自己的创业目标,并在创业过程中投入更多的时间和精力完成创业任务(Foo et al., 2009;Cardon and Kirk, 2015)。另外,创业激情是一种积极的情感,能够提高个人对外界信息的感知度和敏感程度,从而提升创业警觉性,进而促进机会的辨识(Syed and Mueller, 2015)。同时,具有创业激情的个体对创业目标具有更高的追求和承诺,从而加强个体参与创业活动的意愿(Biraglia and Kadile, 2016)。而且,个人的创业激情会被周围的人感知,进而可用自己的创业激情感染别人。有研究表明创业者的创业激情能够被员工以及投资者感知到,从而提升员工的组织承诺以及影响投资者的投资决策(Chen et al., 2009;Mitteness et al., 2012;Davis et al., 2017)。

虽然学者们强调创业激情对新创企业发展的重要性,但是现有研究很少关注创业者的创业激情如何影响组织层面战略、行为以及组织绩效(Syed and Mueller, 2015;Drnovsek et al., 2016;谢雅萍和陈小燕,2014)。国外仅有的几篇关于创业激情影响组织绩效的研究,探索了创业者个人的目标、自我效能等作为创业激情与组织绩效间的中介变量(Baum et al., 2001;Baum and Locke, 2004;Drnovsek et al., 2016)。国内也仅有两篇研究探讨创业激情对企业成长的影响,考虑了创业学习以及管理强度的中介作用(谢雅萍等,2016;周键,2016)。这些研究均忽略了创业过程中机会获取在创业激情与组织绩效间的中介作用。创业的本质是机会的识别与开发,以及对于现有资源的创新性整合开发(Schumpeter, 1934;Shane and Venkataraman, 2000),因此创业激情对组织绩效影响的机制研究,绕不开组织的机会获取(包含机会的识别与开发)(Foo, 2011)。本研究旨在探索创业者的创业激情对新创企业绩效的影响,以及机会获取在这一关系中所发挥的中介作用。此外,由于创业激情相当于创业行为及创业决策的动力机制,仅仅具有创业激情并不能够充分完成机会的识别和利用,还需要创业者自身资源为其提供充足的信息与资源(Ardichvili et al., 2003;Ucbasaran et al., 2008;Bhagavatula et al., 2010)。然而,现有研究并没有考虑创业者资源(如先前行业经验和社会资本)对其创业激情作用发挥过程中的调节作用。

1.1.2.3 创业者情感与认知交互视角

情感和认知是人们的两种心理机制,影响着人们的感知、行为以及决策(Forgas and George, 2001; Scherer, 2005),二者既可以独立作用于人的感知与决策,也可以交互影响人的行为,特别是在处理复杂任务的时候(Forgas, 1995;王启康,2014)。弄清楚情感和认知如何交互,能够帮助我们更好理解情感对于组织行为的影响(Forgas and George, 2001)。这一论断说明在理解情感对组织行为影响的过程中,我们需要充分考虑认知所起的作用。

创业过程既是一个情感过程,也是一个认知过程。因此情感和认知在创业行为及创业决策中均发挥重要的作用(Baron, 2008)。学者们指出情感和认知两个视角的结合更有助于理解创业决策与创业行为(Michl et al., 2009)。但是关于情感和认知如何交互影响组织中创业行为或创业决策的研究很少,实证研究则更少。具体到创业激情对于新创企业绩效的影响机制中,认知发挥了怎样的调节作用,至今还没有人探索。中庸思维,作为在中国创业者群体中普遍存在的一种传统思维方式,其在创业激情发挥作用的过程中扮演了何种角色,是起到了强化创业激情的作用,还是弱化创业激情的作用,还有待进一步研究和实证检验。

1.2 研究问题和研究目标

综上分析,创业者中庸思维和创业激情是影响新创企业生存和发展的两个重要因素,因此本书将基于高阶梯队理论,分别探索两者对于新创企业绩效的影响机制,并探索二者交互作用对于新创企业的影响。

1.2.1 研究问题

(1)创业者中庸思维对新创企业绩效的影响:关系网络的中介作用以及环境动态性的调节作用。

（2）创业者创业激情对新创企业绩效的影响：机会获取的中介作用以及创业者先前行业经验和社会资本的调节作用。

（3）创业者创业激情和中庸思维交互作用对组织创新和新创企业绩效的影响。

1.2.2 研究目标

（1）在学者呼吁创业研究要根植于具体文化情境的背景下，探索中国创业者的中庸思维对于新创企业绩效的作用机制。

本书探索中庸思维作为根植于中国传统儒家文化、强调人际和谐的一种认知方式，是如何影响创业者为新创企业构建外部关系网络，进而影响新创企业绩效的。同时检验环境动态性对创业者中庸思维与关系网络间影响关系的调节作用。

（2）在创业激情成为创业过程中最显著影响因素的情况下，探索创业者创业激情对新创企业绩效的影响机制。

本书考察创业者创业激情对于新创企业绩效的直接作用。同时考虑到机会获取对于新创企业生存和发展的重要性，探索机会获取在创业者创业激情与新创企业绩效之间的中介作用。另外，探索创业者先前行业经验和社会资本对创业者创业激情与机会获取之间关系的调节作用。

（3）在新创企业情境下，创业者中庸思维如何影响创业激情作用的发挥。

基于创业的创新视角，以及认知与情感交互视角，本书在分析创业者创业激情对组织创新与新创企业绩效作用的基础上，探索创业者中庸思维在创业激情与组织创新、创业激情与新创企业绩效这两对关系中的调节作用。

1.3 研究意义 ▶····

本研究的意义有以下几点。

第一，丰富了创业认知方面的研究。现有文献大多从认知视角分析创业者如何影响新创企业成长与发展，但是实证检验创业者认知对新创企业绩效影响的研究还比较少。同时，现有研究还鲜有从组织层面考虑创业者认知与新创企业绩效之间的中介变量,以及行业环境对创业者认知作用发挥过程的调节效应。本研究基于高阶梯队理论,借鉴关系网络理论、环境动态性理论等,探索创业者中庸思维对新创企业绩效的影响机制,研究结果将为新创企业绩效研究以及创业者认知研究提供新的思路。

第二,拓展了创业的情境研究。之前的相关创业文献指出,创业活动本身根植于一定的国家或区域文化中,因此创业的研究不应该忽略当地的文化因素,鼓励创业研究应多探索不同国家或区域中的创业现象以及相关变量。本书基于中国的新创企业,研究了根植于中国传统儒家文化、追求人际和谐的中庸思维,因此本研究为创业情境研究提供了新视角。

第三,拓展了创业激情方面的研究。创业激情是最近几年才引起学者关注的一个研究热点,目前还少有研究探索创业者创业激情对组织战略、行为以及绩效的影响,对于创业激情影响企业绩效的中介机制探索也很少。本研究基于高阶梯队理论,借鉴创业机会理论,探索创业者创业激情对新创企业绩效的影响,同时检验了机会获取的中介作用,还探索了创业者人力资本和社会资本的调节作用,因此本书为创业激情如何影响组织提供了新的研究思路。

第四,在创业领域深化了情感与认知的交互机制。认知与情感交互在心理学领域已经是一个比较成熟的研究问题,但是在创业领域中创业认知和创业情感如何相互作用,仍然是一个需要探索的问题。本研究通过探索中庸思维在创业激情影响新创企业组织战略及绩效过程中所发挥的调节作用,为创业领域情感和认知交互机制提供了实证支持。

第五,检验了高阶梯队理论的适用性。已有研究指出对于根植于西方商业及逻辑的管理理论,学者在应用时需要检验其在不同文化情境下的适用性。本书将高阶梯队理论应用于中国情境下,探索了中国创业者对组织绩效的影响,并实证证明了创业者对新创企业组织行为及绩效的显著影响,有利于检验高阶梯队理论的跨文化适用性。

1.4 研究架构与技术路线

本研究由六章组成,具体安排如下:

第1章 绪论。首先,系统介绍了创业创新背景下新创企业发展现状和存在的问题,从而提出如何提升新创企业绩效这一现实问题,进而从理论背景出发,从创业者认知和情感以及认知与情感交互视角阐明本书研究问题的重要性和必要性。其次,介绍了本书的研究问题和研究目标。再次,阐述了本书的研究意义。复次,阐述了本书的研究框架以及技术路线。最后,概括了本研究的意义。

第2章 相关理论及文献综述。系统回顾了高阶梯队理论以及创业相关的理论。对本研究中的新创企业绩效、中庸思维以及创业激情进行了综述,详细梳理了现有的研究及不足,进而提出本书的研究问题。

第3章 创业者中庸思维对新创企业绩效的影响机制研究。基于高阶梯队理论,实证分析了创业者中庸思维对于新创企业绩效的影响,以及组织关系网络的中介作用。同时结合外部行业环境,实证研究了环境动态性对创业者中庸思维与组织关系网络之间关系的调节作用。

第4章 创业者创业激情对新创企业绩效影响的影响机制研究。基于高阶梯队理论,实证分析了创业者创业激情对于新创企业绩效的影响,以及机会获取在这一关系中的中介作用。同时结合创业者资源视角,探索了创业者先前行业经验和社会资本对创业者创业激情与机会获取之间关系的调节作用。

第5章 创业者创业激情对新创企业的影响机制研究:中庸思维的调节作用。考虑到情感与认知的交互作用及组织创新在创业激情与新创企业绩效间的重要作用,本书探索了创业者中庸思维对创业激情与组织创新以及创业激情与新创企业绩效之间关系的调节作用。

第6章 研究结论与对策建议。此部分首先总结了本研究的主要结论,然后具体分析这些结论的理论意义与实践意义,最后给出了本研究存在的不足以及未来可能的研究方向。

本研究的技术路线图如图1-1所示。

1.5 研究创新点 ▶ ••••

基于高阶梯队理论,本研究从认知和情感两个视角出发,深入研究了创

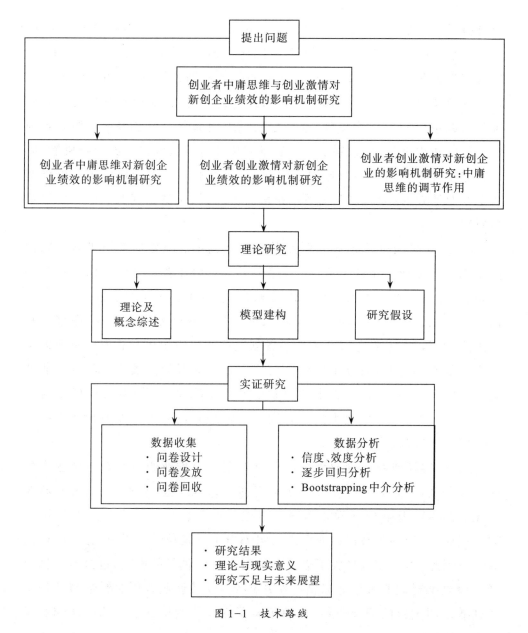

图 1-1 技术路线

业者中庸思维与创业激情对新创企业绩效的影响机制,以及二者交互作用对新创企业的影响。本研究的主要创新点有以下几点。

第一,探索了创业者中庸思维对新创企业绩效的作用机制。现有关于中庸思维的研究多是员工中庸思维对其自身创造力、工作压力、工作行为、建言行为等的影响(Chou et al., 2014;Yao et al., 2010;段锦云和凌斌,

2011;孙旭等,2014;张光曦和古昕宇,2015;张军伟和龙立荣,2016)。一些学者指出,中庸思维是中国创业者群体中普遍存在的认知方式(李兰,2009),探索领导者中庸思维在组织中的作用机制,对于理解组织绩效具有重要的意义(陈建勋等,2010;刘巧虹,2016)。但是目前探索领导者中庸思维与组织绩效间关系的文章,也只是从组织内部学习机制解释了领导者中庸思维的作用机制,而忽略了中庸思维对构建外部资源渠道的影响机制,同时忽略了外部环境的调节作用。因此,本研究通过探索创业者中庸思维对新创企业绩效的影响,以及关系网络的中介作用,丰富了现有关于中庸思维的研究。

第二,实证研究了创业者创业激情对新创企业绩效的作用机制。以往关于创业者创业激情的研究,主要探索了其对创业者自身认知以及行为的影响,或者是对员工以及投资人的影响,而忽略了其对组织层面战略、行为以及绩效的影响(Syed and Mueller, 2015;Drnovsek et al., 2016;谢雅萍和陈小燕,2014)。本研究探索了创业者创业激情对组织机会获取以及新创企业绩效的影响,同时研究了组织机会识别在创业者创业激情与新创企业绩效间的中介关系。另外,本书还探索了创业者的人力资本和社会资本对这一关系的调节作用,因此本研究有利于加强理解创业者创业激情在组织中的作用发挥机制。

第三,实证研究了创业者中庸思维对创业者创业激情对新创企业影响的调节作用。以往研究指出了创业情感与认知交互影响创业过程(Michl et al., 2009),但很少有研究实证探索这一交互作用如何发生及其作用机理。同时,关于创业激情如何促进组织创新也只是被学者提出,并没有得到验证。因此,本研究既检验了创业激情对于组织创新的影响,也探索了创业者中庸思维对创业者创业激情与组织创新,以及创业者创业激情与新创企业绩效之间关系的调节作用,从而拓展了创业领域中关于情感与认知交互方面的研究。

第2章

相关理论及文献综述

本章我们将对本研究的主要理论以及本研究中出现的重点概念进行文献梳理和介绍。具体说来，我们将综述高阶梯队理论、创业相关理论、新创企业绩效、中庸思维和创业激情等相关文献。对相关理论及文献的综述，有助于加深理解本研究中提及的创业领域的概念和研究问题，为我们后续的研究假设的提出做铺垫。

2.1 理论基础

2.1.1 高阶梯队理论

高阶梯队理论认为高管对企业有显著影响（Hambrick and Mason，1984）。这个理论的前提有三点：一是高管是有限理性的，对于信息的承载量受到自身认知和情感的限制；二是在日益复杂的环境与组织中，高管要处理大量的信息，而这些大量的信息超出了高管的理解和处理范畴；三是高管会根据自己习惯的认知和情感去过滤、选择、组织并处理这些信息，以适应日益复杂的信息处理需求（Hambrick and Mason，1984；Sadler-Smith，2004）。所以，高阶梯队理论提出创业者的认知和情感会影响组织产出，如组织战略、组织行为，而组织战略或组织行为又会影响组织绩效（Reger，1997）。另外，高阶梯队理论还提出高管对企业作用的大小取决于高管的管理自由度（Hambrick and Finkelstein，1987）。管理自由度是指管理者在企业中采取行动的自由程度与范畴。高管所拥有的自由度越高，高管对企业的影响作用越大。环境动态性被认为是管理自由度的一个重要来源,环境变化越大,管理者在处理信息以及决策的过程中的规定参考框架及限制就越少,所以管理者的行为及决策幅度就越大(Hambrick,2007)。因此,当环境动态性越高时,高管对企业的影响也就越大(Hambrick and Finkelstein,1987)。同时,高阶梯队理论还指出高管自身的特点也会影响高管对组织的影响强度(Hambrick,2007)。

高阶梯队理论已经被引入创业研究领域中,用于解释创业者对新创企业行为、战略以及绩效的影响。例如,赫米列斯基(Hmieleski)等(2012)基于高阶梯队理论实证检验了分享式真实领导(shared authentic leadership)通过影响管理团队的积极情感氛围,进而影响新创企业绩效。苏伊塔瑞斯(Souitaris)和马埃斯特罗(Maestro)(2010)基于高阶梯队理论探索了高管团队同时处理多任务的能力对新创企业绩效的影响,并发现战略决策部分中介这一关系。但是,目前还没有研究将高阶理论应用到创业者认知和情感对新创企业绩效影响机制的研究中。

2.1.2　创业相关理论视角

创业就是企业的创立过程,创业者就是新创企业的缔造者以及当前的管理者(Katz and Gartner,1988)。创业模型中创业者、创业机会和资源构成了创业过程中最重要的三个要素。目前对于创业的分析视角主要有机会视角、资源视角以及创新视角。

2.1.2.1　蒂蒙斯创业过程模型

蒂蒙斯(Timmons)提出创业是一个在高度不确定环境下的动态变化过程。他提出创业过程最重要的三个驱动因素是:创业机会、资源和创业者(Timmons,1989)。①创业机会。Timmons指出创业机会在创业过程中发挥关键作用,因为它是创业活动的起点,是创业成功的首要因素。具有创新性的创业机会将有利于资源的汇集,因此创业者应注重创业机会的搜寻和辨识。②资源。机会的开发是需要资源的配合的,没有资源,创业机会的开发将成为空谈。但是创业者是在现有资源限制的条件下最大限度地利用和控制资源,而不是要完全占有资源。因此创业者如何汇集资源并有效开发利用资源成为一个重要的战略规划设计。③创业者。创业者是创业过程中发挥主观能动性、发现机会、调动资源的最主要角色。创业者的认知、知识和才能影响机会的发现和资源的获取。此模型指出创业的研究要结合创业机会、资源和创业者这三个要素,使三者达到平衡。所谓平衡即创业者能够合理运用现有资源开发其发现的创业机会。在这一动态平衡过程中,创业领导者发挥着十分重要的作用。

2.1.2.2 机会视角

机会视角把创业机会作为创业过程中的核心要素,从创业者与创业机会的关系研究创业过程,它认为创业是创业者发现机会、识别机会和开发机会的过程。柯兹纳(Kirzner)(1973)指出机会发现是创业的核心问题。他指出创业者能够靠自身的经验和能力发现机会。他还提出大多数机会是偶然发现的。自从沙恩(Shane)和文卡塔拉曼(Venkataraman)(2000)指出创业的本质是机会的识别、获取以及开发,对机会的研究开始成为创业研究的核心。创业机会的识别、获取以及开发的过程构成了新创企业的成长路径(Alvarez and Barney, 2002)。识别机会并有效开发机会对于新创企业而言十分重要。

创业者作为机会识别和开发的主体,在组织的机会获取中扮演着关键角色。Shane(2000)指出创业者先前经验和知识能够帮助创业者发现和利用机会,并且提出创业者的先前知识能够强化机会识别与机会利用之间的关系。阿迪奇维利(Ardichvili)等(2003)提出了机会识别与开发模型,提出创业者个人特征、先前经验以及社会资本能够促进其机会识别和开发。同时,他们还指出个人创业者的社会资本能够提高创业者的创业警觉性,从而提升机会识别能力。另外,现在学者提出了组织层面的机会获取,认为组织识别机会并快速开发利用机会的能力即为组织的机会获取能力,组织的机会获取能力对新创企业的生存与发展具有重要作用,并且组织的机会获取能力受到企业家自身社会资本的影响(Li et al., 2014)。

2.1.2.3 资源视角

资源视角把创业资源作为创业过程中的关键要素,从创业者与创业资源的关系研究创业过程。阿尔瓦雷斯(Alvarez)和布森尼茨(Busenitz)

（2001）将资源基础理论与创业研究相结合，拓展了资源基础理论的边界，提出了创业研究的资源观。他们提出创业者拥有独特的认知、情感以及人力与社会资本等资源，这些资源都能够促进机会的辨识并为新创企业的发展汇集资源。创业即是对资源进行创造性地整合，从而创造出异质性的资源，进而促成新创企业的成立、成长与发展。因此创业对资源的依赖、对资源整合后呈现的异质性状态，与资源基础理论所表述的是一致的，因为资源基础理论的最基本假设是异质性的资源为企业带来竞争优势（Barney，1991；Barney et al.，2001；Alvarez and Barney，2002）。

Alvarez 和 Busenitz（2001）提出创业机会的存在是因为不同的人对资源的价值性有不同的判断，因此在将资源作为投入转化为产出时，所产生的价值也会有所不同。对资源价值的不同判断，导致产生了资源的异质性，有些人能意识到资源的异质性价值，就能发现创业机会，进而为组织带来竞争优势和更高的组织产出。Alvarez 和 Busenitz（2001）认为创业者的认知就是一种异质性的资源。创业者在认知方面确实与非创业者存在着显著差别，他们的认知方式和思考方式决定了其战略决策也与非创业者存在差别（Busenitz and Barney，1997；Mitchell et al.，2002）。另外，对创业活动的积极情感也将创业者与非创业者区分开来。创业是一个面临极大不确定性的任务过程，在有限的信息和资源情况下，创业者的认知方式和创业情感决定了其做出决策的速度和质量，决定了其是否能抓住稍纵即逝的机会。因此说创业者的认知和积极情感构成了创业的一种异质性资源，这种异质性认知和情感资源决定了当创业者面对外界机会时，是否能够更快抓住机会。另外，学者也指出了新创企业面临资源稀缺的困境，仅仅依靠企业内部资源是不能很好地满足新创企业的生存与发展需求的。通过建立并维持外部社会网络、通过获取外部资源来支持新创企业的发展，也是创业成功的关键因素（Li et al.，2014）。

2.1.2.4　创新视角

创业的核心是创新。熊彼特（Schumpeter）（1934）指出创业就是创业者创造性地整合现有资源进行创新，这些创新包括产品创新、技术创新以及组织管理形式创新等，并且是具有企业家精神的创业者将这些创新引入市场中。因此，创业者被认为是经济发展的推动者。正是因为创业者的创造性破坏给市场系统带来了变动,才创造了获取经济利益的机会。

创业过程中的创新被 Schumpeter 分为五种,分别是:①引入新产品;②引入新生产方法;③开辟新市场;④获得新的原料供应;⑤实现新的组织管理形式。创业者作为创业过程中的核心人物,如何影响创业过程中的创新激情成为学术界的关注点(Lynskey and Yonekura, 2002)。现在学者们主要探索了创业者先前经验和社会资本对企业创新活动或者创新绩效的影响(Marvel and Lumpkin, 2007;买忆媛和姚芳,2010;陈文婷和王俊梅,2015;刘亚军和陈进,2016)。也有学者开始关注创业者情感对于组织创新的影响。有学者实证探索了创业者的积极情感通过影响创业者的创造力,进而影响组织创新的事实(Baron and Tang, 2011)。

2.2　新创企业绩效

2.2.1　新创企业界定及特点

2.2.1.1　新创企业界定

新创企业在英文文献中主要的表达方式是 new venture 和 start-up。目前学术界对于新创企业的界定尚未统一,主要是从企业生命周期与时间维度两个方面进行新创企业概念的界定。

克里斯曼(Chrisman)等(1998)提出新创企业就是没有发展到成熟阶段的企业,并指出企业什么时候达到成熟阶段并没有确定的时间。因此,要了解新创企业的界定,首先要理解企业的生命周期,进而理解什么状态是企业的成熟阶段后,才能更深入理解新创企业。比格加迪克(Biggadike)(1976)将企业的生命周期分为初创期、青春期和成熟期三个阶段。按照这一阶段分类法,初创期和青春期的企业均是新创企业。斯廷奇库姆(Stinchcombe)(1965)提出克服了"新进入缺陷"的企业即为成熟企业,因此面临"新进入缺陷"的企业即为新创企业。

也有学者从时间维度去直接界定新创企业。因为这些学者认为一般企业达到成熟有一个时间阶段。全球创业观察(GEM)将 3.5 年(即 42 个月)作为新创企业的界定标准。Biggadike(1976)指出新创企业是创立不超过8年的企业。科维(Covin)和斯莱文(Slevin)(1991)提出12年是新创企业的界定标准。也有学者指出企业的成长阶段时间受到行业、组织战略等因素的影响,短则3~5年,长则8~12年(Chrisman et al., 1998)。国内学者对于新创企业在时间维度上的界定也不一致。林强(2003)将新创企业界定为成立时间不超过6~8年的企业。何晓斌等(2012)用9年作为新创企业的筛选标准。余红剑(2007)将新创企业界定为年龄不超过10年的企业。但这种单一的时间维度界定也受到了一部分学者的质疑,他们认为新创企业的界定应该考虑行业、组织结构、控股方式、企业战略等因素(王强,2012)。例如王强(2012)通过中国样本的研究发现单纯采用8年以内这个新创企业的界定标准并不合适,他的研究结果显示中国的住宿和餐饮企业在5年以内可以称为新创企业,但是在其他行业,无论是5年还是8年的界定标准都行不通。

2.2.1.2 新创企业的特点

与成熟企业相比,新创企业最显著的特点是Stinchcombe(1965)提出的"新进入缺陷"。新进入缺陷是指新创企业自身存在的功能性缺陷(如资源匮乏、合法性不足、组织体系不完善等)。由于新创企业面临"新进入缺陷",因此有更大的失败风险(Stinchcombe, 1965)。针对新创企业所面临的"新进入缺陷",学者们进行了大量的阐述,如新角色的界定成本高、建立组织内部体系成本高、信任关系薄弱、与客户建立的关系不稳定、资源匮乏等。总体上这些原因可以归纳为新创企业内部的缺陷和外部的缺陷(韩炜和薛红志,2008)。

新创企业的新创性决定了它在组织内部存在缺陷。首先,新创企业对自己的目标和使命认识不充分(Freeman et al., 1983)。新企业的创办一般都是基于创业机会的发现,这种创业机会让新创企业能够用不同于以往企业的做事方式做事情。新企业在做事情的过程中,需要对自己扮演的角色、想要达到的目标等进行定位,对组织内的各个角色进行界定。但是新企业由于缺乏相关的产业经验与能力,很难清晰界定这些目标和角色。而且在进行新角色学习的过程中,新创企业也需要支付高额的成本。其次,新创企业的组织过程确定性很低(Stinchcombe, 1965)。新创企业在将自己的商业创意转化为实际产品的过程中,存在很大的不确定性。这主要是因为之前的创意想法都只是构想,并没有真正接受市场的检验,因此新创企业存在市场认可风险。再次,新创企业的组织结构不成熟、不稳定(杜运周等,2009)。新创企业的组织结构在创立之初,处于变动状态,在组织运营和市场检验中不断修正和完善,这就导致新创企业的组织结构不稳定,进而导致新创企业的业务发展不平衡。复次,新创企业还面临严重的资源不足的问题(Singh et al., 1986)。因为新创企业绩效的难以评估性以及发展前景的不确定性,新创企业很难获得外部财务资源的支持,因此新创企业更多依靠自身有限的财务资源。新创企业还缺乏生产设备、市场定位、营销渠道、分销系统等物质资源。最后,新创企业还存在内部关系缺陷(韩炜和薛红志,2008)。在企业建立之初,员工之间的组织凝聚力一般不强,信任尚未建立起来,因此新创企业在营造组织内部学习环境以及协调组织内部管理问题上会花费很大成本。

新创企业还面临多种外部缺陷(韩炜和薛红志,2008)。这种外部缺陷主要体现在组织合法性(legitimacy)不足。合法性是指新创企业外部的利益相关者对新创企业的产品以及新创企业的接受与认可(Zimmerman and Zeitz, 2002)。新企业在建立初期缺乏社会网络资源以及企业生存和成长所必要的信誉,所以很难获得客户、供应商、政府以及其他利益相关者的信任和认可,也就很难从外部的利益相关者那里获取资源(Singh et al., 1986)。因此合法性成为新创企业成功的一个关键影响因素。

另外,国内学者还提出新创企业的一个特点:创业者与经营者的身份重合。也就是说创业者即是新创企业的创办者,也有运营企业的身份(丁栋虹,2006)。一般成熟企业是创办者与经营者分离,会存在委托代理问题。而新创企业的创业者由于创办者与经营者的身份重合,对新创企业的战略和绩效影响就会加大。在企业成立初期,创业者不仅为新创企业投入大量财务资源,还投入大量时间、情感等精力,并且承担着极大的不确定性和风险。正如学者所说,新创企业是创业者自身特点的体现延伸(Chandler and Jansen, 1992;韩炜和薛红志,2008)。

2.2.2 新创企业绩效的测量

新创企业绩效是指新创企业在一定时期内创业活动或组织活动所产生

的成绩或成果(张凤海,2013)。新创企业绩效反映了创业的效果,也是考察新创企业产出水平的重要指标(黄胜兰,2015)。目前对于新创企业绩效的测量还没有统一接受的标准或方法,但是大多数学者认为新创企业绩效是一个多维度的概念,应该用多维度的指标去测量(Venkatraman and Ramanujam, 1986;Chandler and Hanks, 1993;Murphy et al., 1996;Zahra et al., 2002;Wiklund and Shepherd, 2005)。

Chrisman 等(1998)提出新创企业的绩效可以通过两个维度来测量:生存与成功。生存的反面是失败,当一个新创企业作为一个经济实体不复存在的时候,就是新创企业失败的时候。也就是说,当新创企业资不抵债,或者不能实现所有者期望的目标时,新创企业将无法生存(Barney, 1986)。而新创企业的成功是指新创企业能够持续并以经济有效的方式为顾客提供价值(Barney,1991)。库珀(Cooper)等(1994)指出新创企业绩效可以用三个指标来测量,即失败、边际生存以及成长。墨菲(Murphy)等(1996)对 1987—1993 年之间发表的关于新创企业绩效实证文章进行文献综述时发现,效率、成长以及利润是使用最多的三项指标。也有学者指出新创企业在其初期阶段财务绩效一般难以衡量,而新创企业的成长性指标代表了新创企业的发展潜力(Brush and Vanderwerf, 1992),因此新创企业的成长才是衡量新创企业绩效的关键指标。

在近些年关于新创企业绩效的实证研究中,测量新创企业绩效的指标主要可以分为客观绩效指标和主观绩效指标。

2.2.2.1　客观绩效指标

测量新创企业绩效的客观指标主要是财务类指标。财务绩效指标是衡量新创企业绩效的重要指标,一般包含销售收入、盈利能力、毛利率、净利率、销售增长率、利润增长率、员工增长率、投资回报率、资产报酬率等(McGee et al., 1995;Murphy et al., 1996)。

巴伦(Baron)和马尔克曼(Markman)(2003)通过新创企业中企业家的财务成功和新创企业的销售收入来衡量新创企业的绩效。新创企业中企业家的财务成功主要是企业家的平均年收入,新创企业的销售收入即每年新创企业通过销售所获得的收入。艾茉森(Amason)等(2006)通过新创企业的销售增长、盈利能力以及股票市场收益率3项指标衡量绩效,其中盈利能

力主要测量新创企业的销售收益率、资产收益率以及净资产收益率,而股票
市场收益率是测量过去3年每股价格的增长。赵丽莎(Zhao)等(2013)通过
平均毛利率来衡量新创企业绩效。企业的平均毛利率通过新创企业前3年
的平均销售收入乘以前3年的平均毛利率来计算。何晓斌等人(2013)用资
产回报率作为新创企业绩效的测量指标,即净利润除以企业总资产。

新创企业成长性指标作为衡量新创企业财务绩效的重要指标,在新创
企业绩效影响因素研究中被广泛使用。销售增长率、收益增长率以及利润
增长率是使用频率较高的指标。Hmieleski和恩斯利(Ensley)(2007)使用收
益增长率以及员工增长率测量新创企业绩效。Hmieleski和Baron(2009),
Baron等(2012)同样使用收益增长率以及员工增长率衡量新创企业绩效。
Baron和汤津彤(Tang)(2009)在探索创业者的社交技能与新创企业绩效关
系中,通过多指标测量新创企业绩效,其中有销售增长率、利润增长率、员工
增长率。麦吉(McGee)等(1995)采用了销售增长率,他们认为这个指标能
够反映出新创企业的技术质量、市场接受度以及总体的成功程度。Ensley
等(2006)在探索管理者领导风格与新创企业绩效关系的研究中,使用了过
去5年的销售增长率。

另外,客观的非财务指标(如市场份额和创新)也是衡量新创企业绩效
的一个标准。麦克杜格尔(McDougall)和奥维亚特(Oviatt)(1996)提出新创
企业绩效的衡量是一个复杂的问题,应该采用多指标测量,在新创企业绩效
的衡量指标体系中加入市场份额。除了使用销售增长,还衡量了新创企业
的产品创新,即过去2年企业推出的新产品的数量。吉尔伯特(Gilbert)等
(2006)用创新衡量新创企业绩效,他们指出创新对于新创企业的生存与成
长非常重要,因此创新应该成为衡量新创企业绩效的重要指标。企业过去
2年推出的新产品/服务的数量被用来测量新创企业的创新。

2.2.2.2　主观绩效指标

企业的客观数据一般难以获得,因为无论是客观财务数据还是客观非
财务数据均包含企业的众多商业机密,很多企业不愿意公开(Chandler and
Hanks, 1993;黄胜兰,2015)。因此很多学者采用主观绩效指标,如感知的
组织绩效。虽然主观感知的绩效相对于客观绩效,准确率有所下降,但是由
于这些主观绩效指标是由对新创企业状况最为熟悉的企业家或创业者填

写,因此具有比较高的信度和效度(Dess and Robinson, 1984;Chandler and Hanks, 1993)。

扎赫拉(Zahra)(1996)通过让新创企业的管理者评价其对投资回报率、销售增长率、净利润率、市场份额以及资产回报率等的满意程度来衡量新创企业的绩效。企业家从这些指标对于新创企业的重要性以及这些指标的完成程度是否让其满意这两个方面进行判断。李海洋(Li)和张燕(Zhang)(2007)在探索管理者政治网络与先前经验对新创企业绩效影响的研究中,使用了主观的测量方法,即让管理者评价过去3年其所在的新创企业相对于其主要的竞争者,在投资回报率、销售利润率、经营效率、利润增长率、市场份额增长率、资产回报率、销售增长率、营业现金流方面的绩效表现。

另外,为了更全面地衡量新创企业绩效,也有学者同时采用主观与客观这两种测量方法。斯塔姆(Stam)和埃尔夫瑞(Elfring)(2008)在探索创业导向与新创企业绩效关系中,采用了主观测量与客观测量相结合的方式。主观绩效主要有相对于竞争者,本企业的以下这些指标的优劣程度:销售增长率、员工增长率、市场份额、毛利率、净利率、产品/服务创新、新产品/服务研发速度、产品/服务质量、成本控制、顾客满意度。客观绩效则测量了销售增长率。德容(De Jong)等(2013)的研究中也采用了主观与客观测量相结合的形式,客观测量使用毛利率,主观测量使用管理者的主观评价,主要是新创企业的销售增长率是否符合企业之前设立的目标,以及企业的利润率是否符合企业之前制定的目标。

2.2.3 新创企业绩效影响因素

桑德伯格(Sandberg)和霍弗(Hofer)(1988)提出创业者、行业以及战略是影响新创企业绩效的重要因素。Chrisman 等(1998)在 Sandberg 和 Hofer 提出模型的基础上,增加了资源与组织行为过程两个因素。在 Timmons (1989)提出的创业模型中,创业者、资源与机会构成了创业的三大驱动因素。鲍姆(Baum)等(2001)指出创业者的能力、动机等与企业的竞争策略是影响新创企业成长的重要因素。基于此以及本研究的重点,本部分将从创业者角度综述新创企业的影响因素。

无论是创业研究学者、风险投资者、天使投资人还是成功的企业家,当被问到影响新创企业的最重要的因素是什么时,他们的回答都是"创业者"

（Herron and Robinson, 1993）。Schumpeter（1934）指出企业家是企业成功的基础。风险投资者认为新创企业发展潜力的首要指标和关键指标都是创业者个人的特点，他们很看重创业者的意志、决心、激情以及个人资源（Sandberg and Hofer, 1988）。目前从创业者角度解读新创企业绩效的研究主要集中在创业者的社会资本、人力资本、人格特质、认知和情感方面，特别是认知和情感，在最近 10 年获得了学者们的广泛关注。

2.2.3.1 人力资本和社会资本

关于创业者人力资本对于创业成功以及新创企业成长的作用研究较多。目前人力资本方面的研究主要包括通用人力资本和专用性人力资本（Crook et al.,2011）。创业者的教育背景、性别与民族等都属于通用人力资本。专用性人力资本一般包括经验，如先前管理经验、先前创业经验和先前行业经验；专用性人力资本还包括技能，如社交技能、管理技能以及技术能力等（Cooper et al., 1994）。现有研究表明创业者的某些经验与能力对新创企业的绩效有显著的影响作用。例如，学者指出创业者的先前知识能够显著提高创业者识别和利用机会的能力，进而有利于促进创业的成功（Shane and Venkataraman, 2000）。哈伯（Harber）和雷赫尔（Reichel）（2007）发现创业者在管理方面的技能对新创企业绩效有非常显著的促进作用，但创业者的教育水平对新创企业绩效影响不显著。Baron 和 Tang（2009）研究发现创业者的社交技能能够帮助创业者获取企业成功所必需的信息和资源，从而促进企业生存与发展。

创业者的社会资本也被认为是影响新创企业是否成功的关键因素（Cope et al., 2007）。对于创业者社会资本的分类较多，可以分为认知维、结构维以及关系维（De Carolis and Saparito, 2006；Fornoni et al., 2012），也可以分为强关系和弱关系（Davidsson and Honig, 2003），也可以分为商业关系和政治关系（Li et al., 2014 ）。现有文献对企业家社会资本与新创企业绩效的关系的研究相对较少，但是主要结论基本都说明创业者的社会资本对新创企业绩效有正向影响。例如，巴特扎尔嘎勒（Batjargal）（2003）研究发现创业者社会资本中的关系嵌入以及资源嵌入对新创企业绩效有直接的影响，而创业者社会资本的结构嵌入对于新创企业绩效没有直接的影响。Li 和 Zhang（2007）研究发现在中国转型经济下，创业者的政治关系对于新创企业的成长具有显著作用,并且这种作用对于非国有企业作用更强。

2.2.3.2 人格特质

人格特质是一种相对稳定持续的个人特点。创业者人格特质的研究起于人们认为创业者与非创业者存在差异,认为具有某种特质的创业者的绩效优于没有这些特质的创业者。现有研究主要集中在大五人格(the big five)、成就需求(need for achievement)、控制点(locus of control)、风险倾向(risk preference)、不确定性容忍(tolerance for ambiguity)等方面。例如,De Jong 等(2013)研究了领导者的大五人格对新创企业绩效的影响,研究结果表明开放性、情绪稳定性显著影响新创企业绩效,而宜人性、责任心通过影响高管团队冲突,进而影响新创企业绩效,而外倾性对新创企业绩效没有直接或者间接的影响。

但是,关于人格特质对创业成功的影响作用并没有取得一致性的研究结论,学者们开始呼吁从认知视角去探索创业者对于创业成功的影响(Mitchell et al., 2004,2007)。

2.2.3.3 认知

从创业者认知视角研究创业是指通过研究创业者的认知感知及决策过程等来理解创业行为背后的深层认知机制。学者们认为快速变化及高度资源约束下的创业情境,会影响创业者的思维方式、信息处理过程以及战略决策(Mitchell et al., 2007;Busenitz and Barney, 1997;苗青,2005;杨俊等,2015)。或者说,创业是创业者基于其认知方式而进行环境感知、发现并开发利用机会的过程。因此,从认知视角去解读创业过程和创业行为,有助于理解创业者深层次的思维与决策过程(Mitchell et al., 2002;Krueger, 2003;Mitchell et al., 2004)。简言之,创业认知是指创业过程中创业者所使用的思维模式。

现有关于创业者认知的研究多集中在构建创业认知的研究框架、探讨创业者在哪些认知方面与非创业者存在差别两方面,有少部分研究探索了具体的创业者认知对创业过程的影响,如机会识别与利用、新创企业绩效等。学者们认为创业者与非创业者的认知确实存在一定差异,比如创业者更喜欢用直觉判断(Armstrong and Hird, 2009),创业者拥有更高的自负、控制错觉以及代表性偏差（De Carolis and Saparito, 2006）。米切尔（Mitchell）等学者强烈呼吁创业研究从特质视角回到认知视角,指出关注创业者本身认知思维的重要性（Mitchell et al., 2002, 2004, 2007）。近年来也有不少学者开始实证检验创业者认知对于创业成功的影响,如陈明惠（Chen）等（2015）研究发现具有创造性认知风格的创业者能够通过影响冲突的处理风格进而促进创业成功。Hmieleski 和 Baron（2009）研究发现创业者乐观性与新创企业绩效间的关系,其论证了乐观性与新创企业间关系是倒 U 形关系,即当创业者乐观性处于中等时,新创企业绩效最高。但是他们指出由于创业者乐观性总体处于较高水平,因此在创业者群体中,乐观性对新创企业绩效影响是负向的。

另外,学者们指出创业者的认知风格受到情境因素的影响。国家文化是一个重要的情境影响因素（Busenitz and Lau, 1996; Mitchell et al., 2000）。因此,学者们呼吁要将对创业认知的研究置于具体文化情境中,探索因情境而异的创业者认知方式对于创业过程的影响（Armstrong et al., 2012）。另外,中国目前对中国创业者创业认知的研究还非常少,且研究深度不够,多是运用西方情境下已经验证的实证工具和量表,而缺乏对中国情境下创业者认知的具体探知,以及其对创业成败的影响（杨俊等,2015）。

2.2.3.4　情感

情感研究在心理学研究中较为成熟,但真正引入创业领域也是近 10 年的事情。在创业领域呼吁将情感引入创业研究的学者是 Baron,其于 2008 年发表在《美国管理学会评论》（*Academy of Management Review*）上的文章具体论证了为什么情感是嵌入在创业过程中的,并借鉴心理学理论阐述了情感对创业过程的影响,还详细论述了情感对于机会识别以及资源获取的影响。在 Baron 这篇奠基性文章之后,情感的研究在创业领域受到学者们的关注,相关定性和实证文章纷纷出现。

创业情感方面的研究现在主要可以分为两个方向,一个方向是以 Baron 和富（Foo）等为代表的,研究创业者的积极情感（positive affect）对创业过程的影响（Foo et al., 2009; Foo, 2011; Baron and Tang, 2011; Baron et al., 2011; Baron et al., 2012）;一个方向是以卡登（Cardon）等为代表的,研究创业激情（entrepreneurial passion）以及感知创业激情对于创业过程的影响

（Cardon，2008；Cardon et al.，2009a，2009b；Cardon et al.，2013；Cardon et al.，2015）。现有文献主要研究了积极情感对机会识别以及组织创新的影响。例如，Baron和Tang（2011）研究指出创业者的积极情感能够提高创业者自身的创造力，进而促进组织创新。Baron等（2011）研究发现当创业者的积极情感处于中等水平时，新创企业的绩效水平最高，也就是说创业者积极情感与组织绩效间的关系是倒U形关系。关于创业者情感研究的另外一个大的方向——创业激情，将在后边的2.4节详细论述，此处不再赘述。总体来说，从情感角度研究创业者如何影响新创企业组织行为以及组织绩效的文章还很少，中国情境下的研究更少。

2.3　中庸思维综述

2.3.1　中庸思维

"中庸"二字最早出现于孔子的《论语》中，"中"指合宜合适，"庸"指常规实用，因此中庸含有过犹不及、恰到好处的意思。中庸思维是受中国传统儒家文化影响而形成的认知风格，在当代中国仍然深刻影响着中国人生活方式以及行为选择（Chang and Yang，2014）。中庸思维并不是无原则地和稀泥，也不是简单的平均主义，而是根据周围的情境来决定自己的行为（杨中芳，2009）。中庸思维高的人，一般会细察周围的情境，也就是细察周围人和整个局面的情况，然后充分考虑各方诉求，最终选择能够兼顾各方且能维持整体和谐的行动方案（Ji et al.，2010）。中庸思维比较高的人，一般在群体中会比较合群，因为其行为方式会考虑群体中其他人的想法及利益。因此，当一个人的中庸思维高的时候，他的人缘一般会比较好（沈毅，2005）。

中庸思维的研究进入心理学以及管理学领域始于杨中芳、赵志裕等人的研究（杨中芳，2009；赵志裕，2010）。杨中芳等对中庸的内涵进行了系统的研究，详细阐述了中庸的丰富内涵，她指出中庸包括四个层次：生活哲学、具体事件处理、事后修正以及心理健康，并从各个层次阐述了中庸对中国人行为的深入影响。中庸思维作为中庸这一概念在思维方式上的反映，被定义为一种认知风格，这种认知风格能够让个体在行事前从多个角度考虑问题,然后整合多方的观点,最终执行能够维持和谐状态的行为(吴佳辉和林以正,2005)。因此,具有中庸思维的人,持有整体性的世界观,拥有场依存型的认知方式,即会从整体去看待事物,而不是从某一个单独的角度。并且,他们还关注事物之间的关系(Nisbett et al., 2001)。同时,具有中庸思维的人对于矛盾的态度是接受而不是排斥,能够纵观全局,考虑多方面因素及意见,选择一种"中和"的方式(陈建勋等,2010)。另外,具有中庸思维的人的最终目标是和谐。具有中庸思维的人主要通过两种方式去实现和谐:一是整合多方意见去避免冲突,二是主动折中去化解矛盾(Chen T, et al., 2015b)。

中庸思维维度的划分主要根据吴佳辉和林以正(2005)编制的中庸思维量表,他们将中庸思维划分为三个维度:多方思考、整合性以及和谐性。多方思考类似于全面思考,主要是指个人能够从多个角度去全面考虑事情,所以多方思考能够促进个人认真思考情境,深入考虑多方面因素后做出一个全面综合的决策(Yao et al., 2010;Chou et al., 2014)。意见整合主要是在全面考虑多方观点之后,将这些观点整合综合起来,也能够促进全面合理解决方案的提出,有助于通过折中方式解决矛盾(Ji et al., 2010)。和谐性是中庸思维的核心,因为无论是多方思考还是整合性,最终所要达到的目的就是维持和谐(吴佳辉和林以正,2005)。

目前关于中庸思维的研究主要集中在员工的中庸思维对个体层面变量的影响,比如创造力、幸福感以及能力(Yao et al., 2010;Chou et al., 2014;Chang and Yang, 2014)。例如,姚翔(Yao)等(2010)研究发现员工的中庸思维会减弱员工创造力与其创新行为之间的关系。因为具有中庸思维的人为了维持和谐,会放弃自己的创新观点。周丽芳(Chou)等(2014)发现员工的中庸思维会减弱工作压力对主观幸福感的不利影响,因为具有中庸思维的人能够接受矛盾,因此中庸思维实际上为员工提供了处理压力及负向情绪的心理空间。张婷云(Chang)和杨政达(Yang)(2014)通过实验发现具有中庸思维的人拥有更强的多任务处理能力,也就是说他能够处理更多的信息。段锦云和凌斌(2011)通过实证研究发现中庸思维能够促进员工的顾全大局式建言行为,而抑制员工的自我冒进式建言行为。孙旭等(2014)通过纵向追踪研究发现当员工拥有高的中庸思维时,员工的坏心情对员工组织公民行为的负向影响会减弱。张光曦和古昕宇(2016)研究发现员工的中庸思维能够提高员工的工作满意度,进而提升员工的创造力。

现有研究很少探索企业家或创业者的中庸思维对于组织层面战略、行为以及绩效的影响。目前只有两篇文章研究涉及领导的中庸思维对组织层面变量的影响。陈建勋等(2010)通过实证研究发现领导者中庸思维对组织绩效有正向的影响,而且领导者的中庸思维是通过平衡组织战略二元性(探索性和利用性战略)来实现组织绩效的提升的。曲阳(2014)探讨了中庸型领导的内涵,提出中庸型领导通过学习、授权以及合作来形成组织的领导力。

2.3.2　中庸思维相关概念

虽然目前关于中庸思维的研究较少,但是国外关于跨文化认知研究中,已有与中庸思维相关概念的研究,如辩证思维(Dialectical thinking)、整体思维(Holistic thinking)。虽然这些概念与中庸思维的内涵并不完全一样,但是存在部分相似性,因此这部分将综述跨文化研究中中国人的思维方式。

跨文化心理学指出文化会影响人们的直觉、认知、思想、情感过程以及行为方式(钟年和彭凯平,2005)。因此跨文化心理学主要研究不同文化下人们的认知方式存在哪些差异。彭凯平(Peng)和尼斯贝特(Nisbett)在研究中国人与西方人认知差异的研究中,提出了中国人典型的认知方式是辩证思维(Peng and Nisbett, 1999)与整体思维(Nisbett et al., 2001)。

辩证思维,作为看待矛盾与不一致性的一种系统思维,中国人和西方人都有,只是其具体内涵不同。Peng 和 Nisbett(1999)在其跨文化研究中指出中国人的辩证思维不同于西方人的辩证思维。西方人的辩证思维强调整合,也就是说西方人从根本上并不接受矛盾状态(Contradiction)的存在,他们会认识矛盾,然后通过各种方式去调和矛盾,最终消除矛盾,达到一种没有矛盾的状态(Noncontradictory)(Paletz and Peng, 2009)。西方人的辩证法是二分法极强的认知模式,因此在西方辩证思维下,不存在矛盾状态的持续存在,矛盾状态最终会通过各种方式被消除。而中国人的辩证思维认为世界本就是一个持续变化的整体,中国人接受矛盾状态的存在,并且对矛盾有高度的容忍性。他们还指出中国人的辩证思维包含三个主要的特点:变化论(Principle of Change)、矛盾论(Principle of Contradiction)、整体论(Principle of Relationship or Holism)(Peng and Nisbett, 1999)。即中国人认为世界——无论是物质世界还是精神世界——都处于不断的变化之中，不存在什么稳定状态；正是因为世界处于不断的变化之中，矛盾状态也就会持续存在，矛盾也是一种正常的状态；正因为世界的不断变化以及矛盾状态的持续性，使得中国人看待事物是用联系的视角，而不是用孤立的视角，即从整体去看待事物（Cheng，2009）。

Nisbett 等（2001）提出中国人和西方人思维方式存在显著差异，中国人的认知思维是一种整体思维（Holistical thinking），而西方人的思维方式是一种分析思维（Analytical thinking）。整体思维是将世界看作一个整体，因此中国人更倾向于场依赖，即关注整体以及组成整体的各个部分之间的关系。在整体思维中，人们先认识整体，再认识部分，对整体了解得越多，则对部分的了解也就更多。西方人的分析思维是认为部分决定了整体，因此要通过先认识部分，再去认识整体，也就是通过对部分的判断与推理达到认识整体的目的（Monga and John，2007）。总体来说，中国人的整体思维倾向于从感性经验做直觉的整体把握，而西方人的分析思维强调对经验事实的具体分析。

Nisbett 等（2001）提出的中国人的整体思维其实是对 Peng 和 Nisbett（1999）提出的中国人辩证思维中整体论的一个具体解释。无论是中国人的辩证思维还是整体思维，都强调了中国人更看重整体、看重整个情境（即场依赖中的"场"）。这个内涵与中庸思维中的整体性思维这个维度相同，但是辩证思维和整体思维都没有从关系视角强调中国人注重关系的和谐性。因此中庸思维相当于结合了整体思维与中国人对于关系和谐的重视，强调了通过全盘考虑、系统整合，最终实现人际和谐。因此现有西方研究中对于中国人思维方式的研究与论述，与中庸思维的内涵既有相同之处，也存在很多不同。

2.4　创业激情综述

Baron（2008）强调了情感因素在创业过程中的重要作用，这成为创业领域情感研究的奠基之作。自此以后，创业领域的学者们对创业过程中情感的关注越来越多，特别是对创业激情的研究（Jennings et al.，2015；谢雅萍和陈小燕,2014)。目前对创业激情的研究主要包含两个方面,一个是对创业激情内涵以及维度的界定,一个是对创业激情前因变量的研究。

对创业激情概念的界定主要有两种。霍(Ho)和波拉克(Pollack)(2014)将创业激情定义为创业者在从事创业活动过程中所展现的积极情绪。Cardon等(2009a)将创业激情定义为创业者在参加与创业者角色认同一致的创业活动中所产生的持续且强烈的积极情感。这两种概念都强调了创业激情是在创业活动中产生的一种积极情感,而Cardon的定义则多加了一个创业者角色认同,即当参加的创业活动能够为创业者带来其想要的某种创业角色感时,创业者才能产生创业激情。

目前创业激情分为三种,即发明创造的激情(inventing passion)、建立企业的激情(founding passion)以及将企业发展壮大的激情(developing passion)(Cardon et al., 2009a)。发明创造的激情是指创业者在参与这些活动中所产生的激情:寻找新的市场机会、开发新产品或新服务、用新的方法工作;建立企业的激情是指创业者在参与创办一个新企业相关的资源获取过程中产生的激情;企业发展壮大的激情是指创业者在参与能够推动企业成长并扩张的一系列活动过程中产生的激情(Cardon et al., 2013)。

现有对于创业激情的研究主要包含三个方向,一个是创业激情对创业者个人行为、认知、绩效的影响;一个是创业激情对利益相关者(如员工和投资者)情绪、认知以及决策的影响;一个是创业激情对组织的影响。创业激情对创业者个人的认知、行为决策和绩效有很大的影响。创业激情能够增加创业者创业成功的信心(Murnieks et al., 2014),提升创业者对新市场或者新技术机会的警觉性(Syed and Mueller, 2015),激活创业者的创造性问题解决能力(Cardon et al., 2009a),提升创业者的认知灵活性(Baron et al., 2012)。创业激情能够促进创业者为创业行动做出更多的努力(Foo et al., 2009),加强创业者对创业活动或者创业事业的坚持(Cardon and Kirk, 2015),促进创业者与合作伙伴以及员工的有效沟通(Baum and Locke, 2004),促进创业者设立具有挑战性的目标并提升其目标承诺(Drnovsek et al., 2016)。创业激情还能够提高个体的创业意向(De Clercq et al., 2012; Biraglia and Kadile, 2016),提升创业者面临创业困难时的坚持性和坚韧性(Cardon and Kirk, 2015),提高创业者对创业投入的努力程度(Foo et al., 2009)。

根据情感感染理论（emotion contagion theory），创业者的创业激情会让创业者展现出众多能够表现这种激情的口头语言及肢体语言，甚至是神情与神态。这种信号会被与创业者有较多接触的人（如员工、投资者）感受到，进而通过情绪模仿等机制，创业者的创业激情会感染到与其接触的人（Cardon, 2008）。Cardon（2008）提出创业者的创业激情能够通过情绪感染机制提升员工的积极情感以及其对组织意义的认同。布鲁格斯特（Breugst）等（2012）通过实证研究证明员工感知到的创业者发明创造的激情和将企业发展壮大的激情能够显著提高其积极情绪，而员工感知到的创业者的建立企业的激情则会显著降低其积极情绪。陈晓萍（Chen）等（2009）通过实证研究证明了投资者感知到的创业者的创业认知激情能够显著提高其对创业者的投资，而创业者的创业情感激情对于投资者决策则没有显著影响。Cardon 等（2009b）通过准实验法发现创业者展示的情感激情以及行为激情会让投资者感觉创业者具有更高水平的创业激情。米特奈斯（Mitteness）等（2012）研究发现感知创业激情与投资者决策之间的关系受到投资者个人特点的影响，当投资者是开放性人格时，感知创业激情与投资者决策之间的关系更强。

创业者的创业激情还被认为是新创企业成功的一个关键要素（Syed and Mueller, 2015）。但是关于创业者创业激情如何影响新创企业及其绩效的研究还比较少。Baum 等（2001）提出创业者的创业激情对新创企业的成长作用不是直接的，他们指出创业者个人的一些因素（如能力和动机）以及新创企业组织层面的一些因素（如，组织创新）可能会中介创业者创业激情与新创企业成长之间的关系。Baum 和洛克（Locke）（2004）拓展了 Baum 等人的研究，通过实证研究发现创业者激情确实通过创业者个人的价值观、目标、自我效能等影响新创企业的成长。而且，德尔诺夫舍克（Drnovsek）等（2016）通过实证检验并证实了创业者个人的目标设定与目标承诺能够中介创业者创业激情与新创企业绩效之间的关系。

2.5　小　结

关于新创企业绩效的影响因素，学术界已经取得了较为丰硕的成果，但是从创业者角度出发,特别是创业者自身认知和情感对新创企业绩效的影响机制研究还处于起步阶段,研究还较少。本研究将从创业者认知和情感这两个视角出发,结合中国具体情境,探究创业者中庸思维和创业激情对于新创企业绩效的影响机制。

虽然创业情境研究已经被广泛提及,但至今,对不同国家情境下,特别是非西方文化情境下的创业认知的探索还处于初步阶段。因此本研究探索在经济转型下的中国创业者的中庸思维,如何影响新创企业的战略及行为选择,以及新创企业的绩效。同时,现有关于中庸思维的研究多是关注员工中庸思维如何影响员工个人行为,而忽视了领导者中庸思维对组织的影响。因此基于中国关系本位的文化特点,本书探索创业者中庸思维如何影响组织外部关系网络构建与维护,从而帮助新创企业获取外部资源,进而促进新创企业成长。

自创业激情被提出以来,创业激情被认为对创业成功具有重要且关键的作用。但是现有研究主要关注了创业激情对创业者个人的影响,而忽略了其对组织,特别是新创组织的影响。诚然,创业激情与创业者个人的认知、行为联系更为紧密,是其近端影响变量,但是不能忽略创业者创业激情对于组织的重要作用。因此本书探讨了创业者创业激情对于新创企业绩效的影响。同时,现在创业者创业激情研究对于中介机制的研究较少,而且这些少量研究中也仅仅是关注了创业者个人目标、自我效能等中介变量,而忽略了组织层面的中介变量。因此本书进一步探索了组织机会获取在创业激情与新创企业绩效之间的调节作用。

无论是创业者中庸思维还是创业者的创业激情,它们对组织的影响都会受到外界环境因素的影响,以及创业者自身因素的影响,但是现有研究很少触及这个研究点。本研究探索了环境动态性对于创业者中庸思维与组织关系构建间关系的调节作用,探究了创业者人力资本和社会资本对于创业者创业激情与组织机会获取间关系的调节作用。

情感和认知是两个交互运作的系统,创业激情的运作机制会受到认知的影响。但是关于这方面的研究很少。本书根植于创业情境因素,在中国新创企业中,探索了创业者中庸思维对创业激情与组织创新、创业激情与新创企业绩效关系之间的调节作用。

第3章

创业者中庸思维对新创企业绩效的影响机制研究

3.1 引 言 ▶···

　　创业者的认知风格被认为是影响创业行为、创业过程以及新创企业绩效的重要因素(Doyle et al., 2002; Sadler-Smith, 2004; Armstrong and Hird, 2009)。例如,多伊尔(Doyle)等(2002)指出在创业的初期阶段,具有直觉型认知风格的创业者拥有更高的创业动力。阿多马科(Adomako)等(2016)发现当创业者拥有较高的认知计划时,其在艰苦的创业过程中能直面困难,坚持更久。基克库尔(Kickul)等(2009)指出直觉型创业者在发现和识别创业机会方面具有更高的自信。然而在创业领域,创业认知的研究更多集中在基于西方文化下开发的认知风格(如直觉型-分析型认知风格、创造型认知风格),而忽略了非西方文化情境下的认知风格(Zhu, 2015)。

　　在跨文化研究领域,学者们指出认知风格受到文化的影响,国家文化的不同决定了不同区域的人具有差异化的认知风格(Nisbett et al., 2001; Fang and Farue, 2011)。例如,Nisbett等(2001)的跨文化研究发现东亚地区的人更喜欢用全面的视角去看问题,更看重事情或事物的全貌,而西方人更喜欢以分析方式看问题,更看重目标本身。覃大嘉(Chin)(2014)指出中国人拥有独特的强调和谐的认知方式,中国人所强调的和谐是一种多方关系的平衡。而西方人所强调的和谐则是一种线性科学体内的和谐。Chang和Yang(2014)指出中庸思维是影响中国人最大的思维方式,这种思维方式根植于中国传统的儒家文化,关注整体性,能够接受矛盾的存在,期望最终达到和谐的状态。这种思维方式与西方文化影响下形成的思维方式是有所不同的,是儒家文化背景下特有的思维方式(Chang and Yang, 2014;杨中芳,2010)。所以探索非西方文化下思维方式对于理解跨文化情境下的创业研究十分必要。而且学者们呼吁更多的研究去探索东方文化中蕴含的思维智慧以及这些思维智慧对于组织的影响(Busenitz and Lau, 1996;Tung et al., 2007;Chen and Miller, 2010;Chen and Miller, 2011;Lu et al., 2013;Zhu, 2015)。本研究响应学者们的这一号召,探索中国创业者的中庸思维以及中庸思维对新创企业绩效的影响机制。

高阶梯队理论已经广泛应用于解释创业者对于新创企业绩效影响的机制(Souitaris and Maestro, 2010;Hmieleski et al., 2012),为本书建立创业者中庸思维与新创企业绩效影响机制提供了非常有效的理论框架。该理论的基本假设是高管的认知(如认知风格)会影响企业的绩效(Hambrick and Mason, 1984)。我们认为创业者的中庸思维能够促进新创企业绩效提升,因为中庸思维能为创业者提供强大的认知能力,去整合不同的角度以及意见,最终选择中和的方式去解决新创企业面临的矛盾(Ensley et al., 2002;Paletz and Peng, 2009;Chen et al., 2010)。另外,高阶梯队理论认为高管会通过影响企业的战略或行为,进而影响到企业绩效(Hambrick and Mason, 1984;Ensley et al., 2003)。Ensley 等(2003)指出高管的认知是"组织战略选择的决定因素,并且通过这些战略选择影响组织绩效"。童(Tung)等(2007)指出源于文化的认知会通过战略影响创业绩效。关系作为中国人的社会网络战略,对于新创企业的成功具有重要作用(Yeung and Tung, 1996)。以前的文献已经指出,儒家文化十分强调关系的运用(Taormina and Gao, 2010;Lin, 2011),所以我们提出,根植于儒家文化的中庸思维,引导创业者重视关系网络的建立与维护,因为外部关系网络能够促进组织间的沟通交流,促进商业合作,帮助资源稀缺的新创企业获取生存与发展所需的关键资源,进而促进新创企业绩效的提升(Guo and Miller, 2010;Batjargal, 2007)。因此,本书将实证检验创业者中庸思维对新创企业绩效的影响,并探索关系网络在这一关系中的中介作用。

高阶梯队理论还提出,高管认知对新创企业的影响受到外在环境因素的影响(Ensley et al., 2003;Hambrick, 2007)。企业外部环境是新创企业不确定性的主要来源,特别是在识别商业机会和威胁的过程中,外界环境对新创企业的影响非常大,因此会强烈影响新创企业的战略和行为选择

（Foss et al.，2013）。学者们指出环境动态性是企业外部环境不确定性的重要衡量指标（Hung and Chou，2013；Lichtenthaler，2009）。中国创业者在创业过程中，面临的环境变动性非常大，主要因为中国经济目前处于转型过程中（Tan，2001）。大量的研究也已经表明环境动态性会调节高管个人特点（如领导风格和人格特质）和组织战略与行为选择之间的关系（Hambrick，2007；Hmieleski and Baron，2009；Li and Tang，2010）。但是，目前还没有研究探索环境动态性对创业者认知风格与组织行为之间关系的影响。因此本书将探索环境动态性对创业者中庸思维与新创企业关系网络之间关系的调节作用。具体的研究模型见图3-1。

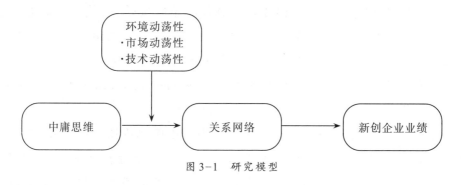

图3-1　研究模型

3.2　理论假设

3.2.1　创业者中庸思维与新创企业绩效

认知风格指信息怎样被保存、理解和使用（Peng and Nisbett，1999）。中庸思维作为强调多方思考、整合性以及和谐性的认知风格，是影响中国创业者行为的重要认知风格（陈建勋等，2010）。多方整合，能够让创业者不只是看到事物本身的特点，而且能够把事物与外在的环境联系起来，从多个角度和视角去考虑问题（吴佳辉和林以正，2005）。因此，具有中庸思维的人倾向于更为深入地思考，且愿意花费精力去细察情境以及情境中各种因素之间的相互关系（Okazaki et al.，2013）。同时，具有中庸思维的人，具有更强的认知处理能力，能够参考更多的认知框架，从而做出有效的决策，进而促进企业绩效的提升（Lubatkin et al., 2006；陈建勋等，2010；Chang and Yang, 2014）。文献也指出，具有中庸思维使高管具有认知复杂性，这种认知复杂性能够促进高管对机会以及威胁的全面理解，进而通过采取合适的措施加强新创企业对于环境的适应性，从而促进新创企业生存与成长（Miller et al., 1998；Chang and Yang, 2014；陈建勋等，2010）。

中庸思维能够促进新创企业绩效提升还因为中庸思维所具有的整合性思维。中庸思维鼓励接受矛盾，并且通过折中等方式去缓和矛盾，或者调和矛盾（Peng and Nisbett, 1999）。具有中庸思维的创业者能够在两个极端对立的观点中找到具有弹性的"中和"解决方案（Chou et al., 2014；Ji et al., 2010）。因此，中庸思维使得创业者有更强的矛盾接受性，使得他们能够直面新创企业发展过程中面临的突发事件（Chou et al., 2014）。文献也指出中庸思维这种寻求中间解决方式的思维，能够帮助创业者减小团队冲突，加强团队凝聚力，从而促进新创企业的发展（Ensley and Pearce 2001；Ensley et al., 2002）。

另外，中庸思维促进新创企业绩效还因为中庸思维所具有的和谐导向。具有中庸思维的人会根据情境采取合适的行动以保持和谐状态（杨中芳，2010）。新创企业通常会遇到动态环境下不可预期的挑战，组织内员工很容易感到有压力、紧张和受到风险的困扰（Miller, 2007）。在这种情况下，具有中庸思维的创业者能够以维持组织和谐、避免冲突的方式，帮助建立组织员工间的信任与承诺（Batjargal, 2007），而组织信任与承诺对组织绩效的提升具有积极的作用。

基于上述证据，本研究提出下列假设。

H1：创业者中庸思维会显著正向影响新创企业绩效。

3.2.2 关系网络的中介作用

新创企业面临着"新进入缺陷"与资源限制的难题，这成为新创企业生存与发展的一个重要限制因素。通过关系网络（如外部商业关系、与政府的关系）获取发展所需的资源，成为新创企业成功的关键（Li et al., 2014）。特别是在中国转型经济下，市场经济制度还不完善，还不能为新创企业的发展提供足够的支持。在这种情况下，通过非正式的关系网络获取组织发展所需的稀缺资源、控制环境不确定性，能够帮助新创企业提升绩效（Li and

Zhang, 2007)。

基于高阶梯队理论,创业者的认知会影响组织的战略决策与行为选择(Ensley et al., 2003)。基于这一理论观点,我们提出创业者的中庸思维对关系网络的构建与维护有显著的影响。首先,中庸思维强调多方思考、意见整合。也就是说,具有中庸思维的创业者对商业伙伴或者政府伙伴的需求有更为全面的理解,他们会根据伙伴的利益需求并结合自己的利益需求,寻求折中的路径去解决合作伙伴之间的冲突,这一点对建立和维护与商业合作伙伴以及政府官员的关系非常有利(吴佳辉和林以正,2005;Chou et al., 2014)。有文献表明具有中庸思维的人经常会采用合作以及灵活折中的方式去满足不同利益方的需求(Ji et al., 2010)。因此,中庸思维能够促进矛盾的解决,鼓励信任,促进商业与政治伙伴间关系的建立与维护。

另外,中庸思维的最终目标是和谐。出于对和谐状态的追求,具有中庸思维的人会倾向于在沟通以及决策过程中建立并维持良好的人际和谐关系(吴佳辉和林以正,2005)。在这种情况下,具有中庸思维的创业者会保持中和与谦逊,以促进人际关系的和谐(Paletz and Peng, 2009)。有文献表明,具有中庸思维的人会努力去寻求和谐的社会互动,这与其对他人的尊重分不开(吴佳辉和林以正,2005)。这种和谐导向的社交行为会促进友好关系的建立与维护(Taormina and Gao, 2010)。而且,具有中庸思维的人不会去寻求个人利益的最大化,这种特点是一种利他主义,而利他主义能够促进友好关系的建立(Taormina and Gao, 2010)。基于上述依据,本研究提出以下假设。

H2:创业者中庸思维会显著正向影响关系网络。

相对于成熟的企业,新创企业面临"新进入缺陷",因为它们拥有有限的资源,缺乏合法性,涉及许多需要学习的新角色(Delmar and Shane, 2004; Stinchcombe, 1965)。这种"新进入缺陷"会让新创企业在生存中遇到很大的困难。关系网络可以帮助新创企业获得资源、建立信任、开启对话、促进经济交换与合作,对新创企业生存与发展具有重要的作用(Batjargal, 2007; Park and Luo, 2001)。

首先,关系网络帮助新创企业获得关键的市场资源、规章制度资源以及信息。例如,与供应商的良好关系可以帮助新创企业获得高质量的产品和服务(Peng and Luo, 2000);与顾客之间的良好关系能够提升顾客满意度、顾客忠诚度以及销量(Peng and Luo, 2000);与政府之间的良好关系能够为新创企业提供稀缺的战略资源,如土地、补贴、税收减免、工程项目批准等(Li and Zhang, 2007;Sheng et al., 2011)。因此,关系网络能够帮助新创企业克服资源短缺的问题,提高商业运作的效率,抓住商业机会,避免政策风险,从而促进企业绩效的提升。其次,关系网络能够帮助新创企业获得合法性。合法性的获取能够帮助新创企业获取资源,吸引合作伙伴,促进交易的进行(Zimmerman and Zeitz, 2002)。合法性能够帮助新创企业劝服供应商、顾客以及其他合作者,说明新创企业是某个商业生态社区中合法的一员,从而吸引他们与之合作(Delmar and Shane, 2004)。最后,关系网络能够促进组织间的学习,从而促进新创企业学习更多新的角色,提升其环境适应性,进而提升新创企业绩效(Ramasamy et al., 2006)。关系网络的存在还能促进合作伙伴之间的知识转移,因为关系网络包含了合作伙伴之间的信任以及互惠互利原则。而且,关系还能够提升知识转移的质量,因为关系网络能够保证知识的可信性以及丰富性,从而减少新创企业的交易成本(Luo, 1997)。基于上述依据,本研究提出以下假设。

H3:关系网络会显著正向影响新创企业绩效。

根据高阶梯队理论,创业者的认知会影响组织行为或者战略,进而引起组织绩效的改变。因此,作为认知风格的中庸思维对新创企业绩效的影响应该是非直接的。现有文献表明,作为中国的社会网络策略,关系根植于中国的商业活动中 (Lin et al., 2011;Taormina and Gao, 2010)。作为一种传统的追求人际和谐的认知,中庸思维能够帮助新创企业建立并维持与其他企业的良好关系,因为中庸思维能帮助创业者考虑合作伙伴的观点和利益,减少冲突,维持和谐(Ji et al., 2010)。另外,新创企业的关系反映了创业者的战略选择,即维持与商业组织以及政府官员的良好关系。嵌于关系网络中的社会资本能够促进知识转移,促进合作,提供资源,促进创新等,这些都将最终带来新创企业绩效的提升(Luo et al., 2012;Peng and Luo, 2000)。基于上述依据,本研究提出以下假设。

H4:关系网络中介创业者中庸思维与新创企业绩效之间的关系。

3.2.3　环境动态性的调节作用

环境动态性被定义为某一行业内某阶段技术以及市场的快速变化

（Calantone et al., 2003；Glazer and Weiss, 1993）。它描述了行业内技术发展以及顾客偏好的不确定性和不可预测性（Pavlou and Sawy, 2006）。具体来说，环境动态性源于技术产品或服务和顾客偏好的变化。环境动态性通常分为两种：技术动态性和市场动态性。技术动态性是指一个行业内技术改变的程度（Jaworski and Kohli, 1993）。文献表明技术动态性来源于产品或服务技术的变化，以及产品或服务的过时率（Kandemir et al., 2006）。市场动态性是指一个企业所在市场的不稳定、不确定程度（Jaworski and Kohli, 1993）。市场动态性源于顾客组成的变化以及顾客偏好的变化（Kohli and Jaworski, 1990）。

环境动态性作为调节变量，已经应用于高管与组织行为或战略的关系中，并且研究结果发现环境动态性在这一关系中扮演重要的调节角色（Haleblian and Finkelstein, 1993；Auh and Menguc, 2005；Jansen et al., 2009）。最近的文献中，创业研究学者提出要考虑环境动态性在认知风格与组织绩效之间的调节作用。例如，环境动态性调节直觉型认知风格与组织绩效之间的关系，但是研究结果并没有支持这一结论。因此更多的实证研究被学者呼吁，去探索环境动态性在认知风格与组织产出之间关系的作用（Sadler-Smith, 2004）。

基于高阶梯队理论，本研究探索了环境动态性对创业者中庸思维与关系网络之间作用关系的调节作用。我们认为环境动态性会强化创业者中庸思维与关系网络之间的正向关系。当技术动态性高的时候，技术创新以及技术的更新换代速度增加，这会导致新创企业在预测技术进步和技术需求方面面临更大的困难（Trkman and McCormack, 2009）。为了降低技术变化带来的不确定性，新创企业需要提升自己的技术能力和技术创新。而新创企业技术能力的提升，需要它通过建立并维护与外在伙伴的关系以获取资源和知识，从而促进其技术创新和进步（Droge et al., 2008）。对于中国的新创企业而言，建立并维护与商业伙伴或政府的关系是其获取关键资源和知识的重要方式（Bluedorn et al., 1994）。技术动态性越高，新创企业需要通过关系去获取资源以提升本身技术能力的需求就越强。因此，当技术动态性高时，创业者的中庸思维更能促进关系的建立。基于上述证据，本研究提出以下假设。

H5：技术动态性调节创业者中庸思维与关系网络之间的关系，即当技术动态性越高,二者之间的关系越强。

在快速变化的市场环境下,新创企业面临着顾客需求的变化、市场机会的不确定性等难题,因此在如何选择投资的目标对象及做出市场的决策方面充满了风险(Sethi and Iqbal,2008)。因此,新创企业要获取更为准确和有效的市场信息以支持自己的决策。市场动态性的增加,会增加市场信息,从而创业者筛选与处理信息的压力就越大,这种高信息处理压力需要创业者具有很强的认知能力以处理大量信息(Sadler-Smith,2004)。而有研究表明,中庸思维为个人提供了强大的多任务处理能力,使得个人具有认知灵活性和认知复杂性以应对复杂的信息处理任务(Chang and Yang,2014)。基于上述证据,本研究提出以下假设。

H6:市场动态性调节创业者中庸思维与关系网络之间的关系,即当市场动态性越高,二者之间的关系越强。

3.3 研究设计

3.3.1 问　卷

本研究采用问卷调查的方式收集数据。首先,我们准备了英文的问卷。我们邀请了几名管理学专业的博士生将英文问卷翻译为中文。然后,我们又寻找了几名英语专业的研究生将中文转译为英文,以保证相互转译过程的准确性(Brislin,1980)。经过几轮中文到英文、英文到中文的转译之后,我们修正了转译过程中存在的不一致性,并且保证了转译的信达雅。之后,我们邀请了两位创业及组织管理领域的学者仔细阅读了我们的问卷,确保了问卷的内容效度。然后,我们寻找到几名创业者,对我们的问卷进行了初步测验,以保证我们的问卷能够被创业者准确理解。最后,我们基于专家学者及创业者的意见和反馈,对问卷做了最终的修改。

3.3.2 数据收集

我们的研究对象是长江三角洲的新创企业。根据以往的研究,新创企业的选择标准是创立时间不超过8年。因为在中国收集企业数据存在很大的困难(高管的不信任以及不愿意填写问卷,披露企业的真实信息)(Zhou et al., 2007),因此我们和当地的一个政府机构——经济与信息委员会(以下简称经信委)进行合作,在该机构的帮助下进行问卷的发放与收集。经信委是为地方企业提供技术支持以及信息服务的政府机构,与企业保持着紧密的联系。在经信委的帮助下,我们联系到250个新创企业。接下来,问卷被密封在信封中,通过经信委发放给企业的创业者。在新创企业中,创业者被选择为问卷的填答者,主要是因为创业者对企业的实际情况有更为全面直观的了解(Goel et al., 2013)。最终,我们收回了176份问卷。剔除填答不完整的问卷30份,最终得到有效问卷146份。

　　表3-1展现了样本企业的基本信息。从表3-1中可以看出,新创企业主要集中在制造行业,占了总样本量的84.9%。在我们的样本中,制造业新创企业比较多的原因是:①长江三角洲地区是中国最为发达的制造中心之一;②在2008年经济危机以后,中国政府发布了许多支持性政策刺激经济,从而促进了制造业新创企业的大量出现。这些企业的平均年龄是5.74年(见表3-3)。52.0%的企业年龄小于6年。在企业资产方面,32.2%的企业资产低于1000万元,24.0%的企业资产在1000万~2000万元,10.3%的企业资产在2000万~3000万元,33.5%的企业资产在3000万元以上。填答问卷的创业者,91.8%是男性。创业者的平均年龄是42.56岁。在受教育程度方面,35.6%的创业者是高中文凭,45.2%的创业者拥有专科学历,16.4%的创业者拥有本科学历,有研究生学历的仅占到2.8%。

表3-1　样本信息

变量		数量/家	百分比/%
行业	制造业	124	84.9
	其他	22	15.1
公司年龄	1~3年	32	21.9
	4~6年	44	30.1
	7~8年	70	48.0
公司资产	0~1000万元	47	32.2
	1000万~2000万元	35	24.0

续表

变量		数量/家	百分比/%
	2000万~3000万元	15	10.3
	超过3000万元	49	33.5
创业者年龄	30岁以下	13	8.9
	31~40岁	39	26.7
	41~50岁	76	52.1
	51~60岁	18	12.3
创业者性别	男性	134	91.8
	女性	12	8.2
创业者受教育程度	高中	52	35.6
	专科	66	45.2
	本科	24	16.4
	硕士	4	2.8

3.3.3 变量测量

本研究中所有变量量表均来源于已有文献,采用李克特五点量表,1表示非常不同意,5表示非常同意。具体量表题项参见附录1。

以前的研究已经说明在中国收集企业绩效信息存在极大的难度(Park and Luo, 2001),因此很多探索中国新创企业绩效的研究均采用了主观方法来测量新创企业绩效,即高管或创业者感知到的企业绩效(Li and Zhang, 2007;Guo et al., 2014)。另外,企业绩效被认为是一个多维度的概念(Walter et al., 2006)。现存的创业研究在测量新创企业绩效时,主要应用销售、利润、市场、收益等(Chen, 2009;Guo et al., 2014)。因此,本书根据陈重仁(Chen)(2009)的工作,用4个题项测量新创企业绩效,例如,"在销售方面,我公司的绩效高于竞争企业公司的绩效"等。

(1)中庸思维。根据杨中芳(2010)的研究,我们认为中庸思维是一个多维度的概念。我们采用吴佳辉和林以正在2005年开发的量表,包含三个维度:多方思考,整合性和和谐性。总共15个题项。例如,多方思考维度,"我习惯从多方面的角度来思考同一件事情";整合性维度,"我会试着在意见争执的场合中,找出让大家都能够接受的意见";和谐性维度,"我在决定意见时,通常会考量整体气氛的和谐性"。

(2)关系网络。关系是一个公司非正式的社会连接(Sheng et al., 2011),关系网络则是公司建立并维持的与商业伙伴及政府的关系。在本书中,关系网络也是分为两个维度:与商业伙伴的关系、与政府的关系(Peng and Luo, 2001;Luo et al., 2012)。根据彭迈克(Peng)和陆亚东(Luo)(2001)以及盛仕斌(Sheng)等(2011)的文章,我们用8个题项测量关系。例如,"我们公司与当地政府有良好的关系"等。

(3)环境动态性。以前的研究表明环境动态性包含两个维度,即技术动态性和市场动态性(Jaworski and Kohli, 1993)。根据贾沃斯基(Jaworski)和克里(Kohli)(1993)的量表,我们用7个题项测量环境动态性。例如,"我公司所在行业的技术变化非常快"和"我们企业的顾客在不断寻求新产品"等。

(4)控制变量。本书引入了5个控制变量。在企业层面,我们引入了企业年龄、企业资产两个变量。企业年龄即指企业从建立到现在的年龄,企业资产是指企业总资产的数量。在个人层面,我们引入了创业者的性别、年龄以及受教育程度三个变量。

3.4　数据分析结果 ▶····

我们的问卷收集是在一个时间点上进行的,可能会存在共同方法偏差(common method variance)。我们通过几种方法试图去降低共同方法偏差。首先,我们根据哈里森(Harrison)等(1996)的研究中推荐的方法,采用多维度的构念去测量变量,有益于避免共同方法偏差。其次,我们在测量题项中设置了一些反向题项。例如,在测量市场动态性时,我们有一个反向题项——"我们企业的顾客偏好变化很小"。最后,我们运用哈曼(Harman)的单因子分析去检测共同方法偏差问题(Podsakoff and Organ, 1986)。我们把所有变量的测量题项都放入探索性因子分析中,结果表明总共有8个因子权重值大于1,并且这8个因子对整个变化度的解释占76.5%,而且第一个因子仅占22.4%。因此,在本分析中,共同方法偏差不是一个严重的问题。

3.4.1 信度和效度检验

我们运用克朗巴哈系数(Cronbach's α)和组合信度去测量变量的信度。如表 3-2 所示,所有变量的克朗巴哈系数值均在 0.79~0.93,超过了 0.7 这个基准值。组合信度在 0.86~0.96,全都高于 0.7 这个基准值。我们通过平均提取方差(AVE)来评判聚合效度,所有变量的平均提取方差都在 0.61~0.83,超过了 0.5 这个基准值。我们通过比较平均提取方差的平方根和变量间的相关系数来评价区分效度。表 3-2 中平均提取方差的平方根均大于变量之间的相关系数,因此我们的变量测量具有良好的区分效度。

表 3-2　信度和效度检验

变量	因子载荷	Cronbrach's α	组合信度	AVE
中庸思维	0.76~0.85	0.90	0.96	0.64
关系网络	0.64~0.88	0.90	0.92	0.61
技术动态性	0.66~0.86	0.80	0.86	0.66
市场动态性	0.81~0.88	0.79	0.88	0.71
新创企业绩效	0.88~0.92	0.93	0.95	0.83

3.4.2 回归分析结果

表 3-3 显示了变量的均值,标准差(SD)和相关系数。如表 3-3 所示,创业者中庸思维与关系网络是显著正相关的。中庸思维与新创企业绩效显著正相关。关系网络与新创企业绩效也是显著相关。

表 3-3　均值、标准差(SD)和相关系数表

变量	均值	SD	1	2	3	4	5	6	7	8	9	10
1. 企业年龄	5.74	2.10										
2. 企业资产	7.25	1.63	0.03									
3. 创业者年龄	42.56	7.68	0.14	0.21*								
4. 创业者性别	0.92	0.28	−0.02	0.18*	0.24**							
5. 创业者教育	2.81	0.87	−0.06	0.27**	−0.17*	0.02						
6. 中庸思维	3.90	0.51	0.14	0.10	0.01	0.31**	0.11	**0.80**				
7. 关系网络	4.11	0.46	0.18*	0.04	−0.11	−0.04	0.12	0.34**	**0.79**			
8. 技术动态性	3.79	0.51	0.11	0.01	−0.13	0.01	0.10	0.31**	0.54**	**0.81**		

变量	均值	SD	1	2	3	4	5	6	7	8	9	10
9. 市场动态性	3.42	0.71	−0.02	−0.13	−0.02	−0.10	0.08	−0.05	0.18*	0.36**	**0.84**	
10. 绩效	3.77	0.71	−0.09	0.00	−0.16*	−0.06	0.05	0.15*	0.51**	0.50**	0.09	**0.91**

注：*$p < 0.05$，**$p < 0.01$。加黑的是平均方差提取值（AVE）的平方根。

我们通过SPSS跨层次分析来进行假设检验。中介效应的检验见表3-4。在模型1中我们放入了控制变量和自变量,对关系网络进行回归。结果显示,中庸思维正向影响关系网络（$\beta = 0.36, p < 0.001$）。控制变量和自变量能够解释关系网络18%的变化（$R^2 = 0.18$）。因此,H2成立。在模型2中我们放入控制变量和自变量,对新创企业绩效进行回归。结果显示,中庸思维正向影响新创企业绩效（$\beta = 0.20, p < 0.05$）。因此,H1成立。在模型3中我们放入控制变量和自变量,以及关系网络,对新创企业绩效进行回归。结果显示,关系网络正向影响新创企业绩效（$\beta = 0.54, p < 0.001$）。因此,H3成立。相比于模型2,模型3中中庸思维对新创企业绩效的影响减弱,并且作用从显著（$\beta = 0.20, p < 0.05$）变为不显著（$\beta = 0.10, p > 0.05.$）,因此,关系网络完全中介创业者中庸思维和新创企业绩效之间的关系。因此,H4成立。

表3-4　中介效应分析

变量		关系网络	新创企业绩效	
		模型1	模型2	模型3
企业层面控制变量	企业年龄	0.15	−0.10	−0.18*
	企业资产	0.03	0.03	0.02
个人层面控制变量	创业者年龄	−0.12	−0.16	−0.08
	创业者性别	−0.01	−0.10	−0.03
	创业者受教育程度	0.10	−0.02	−0.05
主效应	中庸思维	0.36***	0.20*	0.10
	关系网络			0.54***
	R^2	0.18	0.07	0.31
	调整后R^2	0.14	0.03	0.27
	ΔF	19.10***	5.39*	47.26**

注：*$p < 0.05$，**$p < 0.01$，***$p < 0.001$。

另外，我们根据普里彻（Preacher）和海斯（Hayes）（2008）的文献，采用了bootstrapping 的方式检验 H4。如表 3-5 所示，关系网络中介创业者中庸思维与新创企业绩效之间的关系（非直接效应＝0.27，95% CI 在 0.16~0.25）。

表 3-5　Bootstrapping 中介效应分析

	Bootstrap indirect effect	SE	Lower limit 95% CI	Upper limit 95% CI
中庸—关系—绩效	0.27***	0.07	0.16	0.25

注：*$p<0.001$。

通过 SPSS 多层次回归验证调节效应。如表 3-6 所示，在模型 1 中，我们带入了控制变量，结果显示企业的年龄对关系网络有显著正向的影响（$\beta=0.20，p<0.05$）。在模型 2 中，我们加入了中庸思维，结果显示中庸思维正向影响关系网络（$\beta=0.36，p<0.001$）。在模型 4 中，我们分别带入了技术动态性、市场动态性以及中庸思维与这两个动态性的乘积项。结果显示，技术动态性正向调节创业者中庸思维与关系网络之间的关系（$\beta=0.21，p<0.01$），市场动态性负向调节创业者中庸思维与关系网络之间的关系（$\beta=-0.18，p<0.05$）。因此，H5 成立，H6 不成立。

表 3-6　调节效应分析

变量		关系网络			
		模型 1	模型 2	模型 3	模型 4
企业层面控制变量	企业年龄	0.20*	0.15	0.11	0.16*
	企业资产	0.03	0.03	0.03	0.02
个人层面控制变量	创业者年龄	−0.12	−0.13	−0.07	−0.04
	创业者性别	−0.01	−0.12	−0.09	−0.08
	创业者受教育程度	0.10	0.06	0.03	0.06
主效应	中庸思维（ZY）		0.36***	0.22**	0.25**
	技术动态性（TT）			0.44***	0.38***
	市场动态性（MT）			0.02	0.07
交互项	$ZY×TT$				0.21**
	$ZY×MT$				−0.18*
	R^2	0.06	0.18	0.35	0.39
	调整后 R^2	0.03	0.14	0.31	0.35
	ΔF	1.84	19.10***	17.82**	5.04**

注：*$p<0.05$，**$p<0.01$，***$p<0.001$。

　　为了进一步理解调节效应，我们基于艾肯（Aiken）和韦斯特（West）（1991）的研究画出调节图（见图3-2）。图3-2展示了当技术动态性高或低时，创业者中庸思维对关系网络的斜率。由图3-2可以看出当技术动态性高的时候，中庸思维与关系网络之间作用更显著，而当技术动态性低的时候，中庸思维与关系网络构建之间作用的斜率变小。因此，H5被支持。图3-3展示了当市场动态性高或低时，创业者中庸思维对关系的斜率。图3-3的结果表明，当市场动态性高时，中庸思维对关系网络的正向作用减弱，因此H6没有被支持。

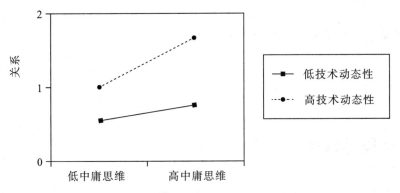

图3-2　创业者中庸思维与技术动态性交互作用对关系网络的影响

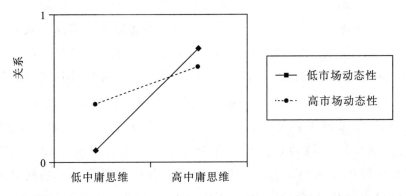

图3-3　创业者中庸思维与市场动态性交互作用对关系网络的影响

表3-7展示了本书假设的验证情况。

表 3-7   假设检验结果

假设	结果
H1：创业者中庸思维会显著正向影响新创企业绩效。	支持
H2：创业者中庸思维会显著正向影响关系网络。	支持
H3：关系网络会显著正向影响新创企业绩效。	支持
H4：关系网络中介创业者中庸思维与新创企业绩效之间的关系。	支持
H5：技术动态性调节创业者中庸思维与关系网络之间的关系，即当技术动态性越高，二者之间的关系越强。	支持
H6：市场动态性调节创业者中庸思维与关系网络之间的关系，即当市场动态性越高，二者之间的关系越强。	不支持

3.5   结论与讨论

本书基于高阶梯队理论，提出了创业者中庸思维与新创企业绩效的整合模型。研究结果表明创业者中庸思维能够促进新创企业绩效的提升，这一结论与之前陈建勋等人（2010）探索领导者中庸思维与组织绩效的研究中的结论一致。同时，我们发现创业者中庸思维能够促进组织外部关系网络的建立与维护，从而帮助新创企业获得更多资源，进而间接促进了新创企业的成长，也就是说关系网络中介创业者中庸思维与新创企业绩效间的关系。另外，本研究探索了创业者中庸思维发挥作用的情境因素（陈建勋等，2010），发现外部环境动态性显著影响创业者中庸思维对于关系网络的影响，外部环境中技术的动态变化会强化创业者中庸思维与关系网络之间的关系，即技术变化越强，创业者中庸思维对于关系构建与维护的作用越强。但是市场动态性越高，创业者中庸思维与关系网络之间的关系越弱，这个与我们的假设相反（$\beta = -0.18, p < 0.05$）。

我们从两个视角去解释这两个变量对创业者中庸思维与关系网络之间关系的不同调节作用。首先，随着环境动态性的增强，无论是技术动态性，还是市场动态性，都会增强新创企业与外部伙伴建立和维护关系网络的需求。这主要是因为关系能够为新创企业提供有价值的资源(如准确的信息和知识),这些有价值的资源减缓环境动态性对新创企业的不利影响。但是,技术动态性和市场动态性因其本质特征又对创业者中庸思维与关系网络之间的关系产生不同的作用。因为在市场动态性下建立和维护关系网络的难度大于在技术动态性下建立与维护关系网络的难度(Beckman et al., 2004)。具体来说,技术动态性是一种具体的公司内部所面临的、非系统的不确定性,这种不确定性的可控制以及可管理程度要小于市场动态性下的不确定性。虽然高技术动态性增加了新创企业拓展关系网络的需求,但是这种拓展网络的难度小于市场动态性环境下的关系拓展难度。因此,技术动态性强化了创业者中庸思维与关系网络之间的关系。

市场动态性是系统型的不确定性,其增加了新创企业管控不确定性的难度(Beckman et al., 2004)。市场动态性是由于顾客偏好或者顾客构成变化所带来的不确定性(Kohli and Jaworski, 1990),这种不确定性改变了整个供应链的关系(Trkman and McCormack, 2009)。当市场动态性高的时候,新创企业因为顾客需求的变化或者顾客组成的变化,需要改变其现存的上下游关系,与其他的潜在伙伴建立新的关系。这种组织间过大的关系改变增加了新创企业建立外部关系的难度。所以,由市场动态性引起的不确定性,会弱化创业者中庸思维与关系网络之间的关系。

总体来说,市场动态性和环境动态性都增加了新创企业建立和维护关系网络的需求。但是由于在建立和扩展外部关系的难度上存在差异,技术动态性和市场动态性对创业者中庸思维与关系网络之间的关系产生了不同的调节作用。技术动态性相对于市场动态性更容易管控,因此建立和维护关系网络的可行性更大。所以技术动态性强化了创业者中庸思维与关系网络之间的关系,而市场动态性弱化了这一关系。我们的这一研究发现有助于帮助创业者更好理解环境与战略选择的关系。

3.6 理论意义与实践意义 ▶····

本研究的理论意义有以下几点。第一,我们的研究丰富了非西方文化情境下对于认知风格的研究。现存的文献主要关注的是西方文化情境下的认知风格,很少有研究探索非西方文化下的认知风格,特别是中国文化下的认知风格(Li, 2016)。最近创业领域的研究强调要考虑源于中国儒家文化的认知(Zhu, 2015)。本研究通过探索创业者中庸思维在新创企业中的作用,响应了学者的这一号召。同时,我们的研究支持了创业者中庸思维对新创企业绩效的积极影响这一发现,它拓展了创业领域中创业者如何影响新创企业绩效这一研究方向。

第二,本研究丰富了现有关于中庸思维的研究。虽然中庸思维在西方情境下的研究还较少,但是在我国国内的研究已经开展起来。然而目前关于中庸思维的研究主要探索的是员工中庸思维对员工个人行为以及态度的影响,很少关注企业中的领导者,如新创企业中创业者的中庸思维对组织层面变量的影响(陈建勋等,2010)。本研究通过探索创业者中庸思维对于组织关系网络以及新创企业绩效的影响,丰富了中庸思维相关的研究。

第三,本研究探索了关系网络在创业者中庸思维与新创企业绩效之间关系的中介作用。这一研究响应了学者们关于探索高管如何影响组织战略决策方面的号召(Chuang et al., 2009)。同时,本实证研究证明了中国企业将关系作为一种战略工具去获取资源,这一研究结论与帕克(Park)和Luo(2001)提出的假设一致。另外,我们的研究丰富了关于创业者认知思维与社会网络行为关系方面的研究,因为我们的研究结果发现创业者的中庸思维能够促进企业的关系网络建立与维护。这一发现也为Chen(2002)提出的"中国文化和思维可能是中国人战略思维的重要源泉"提供了实证支持。

第四,本研究发现创业者中庸思维与环境动态性交互影响关系网络的构建与维护,这一发现拓展了目前创业领域对于环境动态性调节作用的研究。本研究在探讨创业者认知因素对关系网络构建的影响过程中,考虑了外部环境因素变化对这一关系的影响作用。虽然先前的研究已经较多关注了环境动态性对于领导者有效性的调节作用(Ensley et al., 2006;Hmieleski and Baron, 2009;Jansen et al., 2009),但是还没有研究探索环境动态性如何影响创业者中庸思维对于组织变量作用的发挥。因此,本研究丰富了现有对环境动态性的研究。

本研究的实践意义有以下几点。第一,我们的研究证明了创业者中庸思维对关系网络的构建与维护以及新创企业绩效都有重要的作用。因此,创业者应该强调认知的提升与发展,比如培养中庸思维。例如,创业者可以参与关于儒家思想的培训项目。目前很多的 MBA 教育项目就结合了东方的哲学思维与西方的管理（Chen and Miller, 2010, 2011；Li-Hua and Lu, 2014）。这些培训项目能够帮助创业者提升中庸思维。通过培养中庸思维，创业者能够采用全面的观点去看问题，避免冲动行为。而且创业者能够通过选择平衡多方的行为方式去更好地维护和谐的关系。

第二，我们的研究不仅为创业者提出了学习中庸思维的建议，而且为其他组织提出实践指导，如风险投资者、其他的商业支持机构，以及创业教育项目的教师。风险投资者在选择潜在投资对象时，可以把创业者的认知思维作为一个筛选标准，因为具有中庸思维的中国创业者能够实现更好的绩效。创业教育项目的教师可以在创业教育课程中安排提升学生中庸思维的课程。

第三，我们的研究表明创业者中庸思维与关系网络之间的关系受到外界环境因素的影响。因此在针对创业者的培训项目中，要注重培养创业者对外界环境的感知能力，特别是对行业技术变化以及市场变化的敏锐度。例如，当企业面临巨大的技术动态性时，创业者应该首先细察技术的变化信息，并动用各种资源去建立并维护与商业伙伴的关系，从而减弱这种不确定性为企业带来的风险。

第4章

创业者创业激情对新创企业绩效的影响机制研究

4.1 引言

创业激情是创业者对创业任务所持有的一种积极情感(Ho and Pollack, 2014)。创业激情是影响创业成败的一个重要因素,并且被认为是成功创业者的一个重要特征(Baum et al., 2001; Syed and Mueller, 2015)。创业是一个极其漫长且充满挑战性的过程,其间充满了不确定性、风险以及阻碍(Gielnik et al., 2015),而创业激情在这一艰难的过程中能激励创业者投入更多的努力和时间,激励创业者坚持自己的创业目标并向目标不断前进(Drnovsek et al., 2009)。在现存的文献中,创业激情已经被证明能对创业产生很大的积极效果,比如提升创业自我效能(Murnieks et al., 2014),增加创业努力程度(Foo et al., 2009),提高创业坚持性(Cardon and Kirk, 2015),激发创业意向(De Clercq et al., 2012; Biraglia and Kadile, 2016),提高创业警觉性(Syed and Mueller, 2015),促进有效沟通(Baum and Locke, 2004),提升设定目标的挑战性与对目标的承诺(Drnovsek et al., 2016),提高创造性思维(Cardon et al., 2009a),提升个人绩效(Ho and Pollack, 2014)。

虽然现在创业领域中关于创业激情的影响结果的研究很多,但是仍然存在几个问题尚未被探索。首先,现有研究很少探索创业激情如何影响组织行为或组织绩效(Syed and Mueller, 2015)。现有研究中主要探索的是创业者的创业激情如何影响创业者个人的认知、行为以及决策。根据学者们之前的研究,创业者的激情应该能够通过驱动新创企业的战略决策及组织行为,进而影响组织绩效(如,Baum et al., 2001; Baum and Locke, 2004),并且学者也指出了创业者的创业激情对于创业企业的成功具有重要作用(Cardon et al., 2009a),但是至今探索创业激情如何影响新创企业绩效的实证文章寥寥无几(Drnovsek et al., 2016)。因此,本研究将探索创业者的创业激情对于新创企业绩效的影响。

其次,根据高阶梯队理论,创业者对组织绩效的影响可以通过影响组织战略或组织行为而产生(Hambrick and Mason, 1984)。Baum等(2001)也指出,创业者的创业激情对组织成长的影响作用并不是直接的,而是受到中介变量影响的,比如创业者个人目标、组织战略或行为等。目前关于创业激情与组织绩效间中介机制的实证研究仅仅探讨了创业者个人目标、认知等的中介作用。如Baum和Locke(2004)实证发现创业激情对组织成长的作用是通过影响创业者个人的动机(包含自我效能、目标等)来发挥作用的。Drnovsek等(2016)通过实证研究证明创业激情通过影响创业者个人的目标设定,进而影响新创企业的成长。这些关于创业激情如何影响新创企业绩效的研究都忽略了组织战略及行为的中介机制。机会是创业的核心,没有机会的识别和开发就没有创业,因此获取机会的能力对促进新创企业的生存和成长非常重要(Li et al., 2014; Eckhardt and Shane, 2003)。研究表明,创业者的积极情感对于机会的识别和利用具有积极的作用(Baron, 2008; Foo et al., 2009)。因此,本书试图将组织的机会获取构建为连接创业者创业激情与新创企业绩效之间的桥梁,探索组织的机会获取能力在创业激情与新创企业绩效之间的中介作用。

最后,创业激情作为创业者对创业活动的一种强烈且积极的情感,是驱动创业者参与创业活动以实现自己创业身份认同的动力机制(Yitshaki and Kropp, 2016)。因此创业激情构成了驱动组织进行机会识别与开发的动力。学者指出在创业研究中,创业者、创业机会以及资源要同时考虑,创业者在识别和开发机会的过程中,没有资源的配合与支持,机会的识别与开发将成为空谈(Timmons,1989)。基于创业机会获取是一个资源汇集及创造性结合的过程,仅仅创业激情提供参与创业活动的动机是不够的,其识别和开发创业机会的过程均需要有资源的投入(Shane and Venkataraman, 2000)。因为对于新创企业来说,其本身所面临的资源限制决定了创业者自身的资源是新创企业重要的资源供给源,因此本书考虑了创业者人力资本和社会资本对创业激情与机会获取之间关系的调节作用(Li et al., 2014)。当创业者有动机去识别并开发创业机会时,其个人的人力资本和社会资本若能够为其提供充足的经验判断以及信息和资源,则创业激情更能够充分发挥其驱动组织机会获取的作用。

本书基于高阶梯队理论以及创业机会视角,探索创业激情对新创企业绩效的影响,以及组织机会获取在这一关系中的中介作用。同时本书还探讨创业者先前行业经验,作为创业中的一种重要人力资本(Semrau and Hopp, 2016),对创业激情与组织获取之间关系的调节作用;还探讨创业者社会资本对创业激情与组织获取间关系的调节作用。本书的研究模型见图4-1。

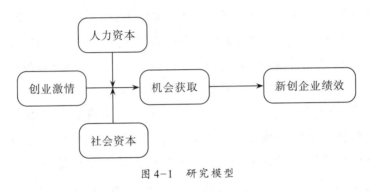

图4-1　研究模型

4.2　理论假设

4.2.1　创业者创业激情与新创企业绩效

创业者的创业激情作为一种强烈的积极情感,与创业者个人的角色认同紧密相关,这种角色认同就是对成为创业者的角色认同(Cardon et al., 2009a)。创业者的创业激情对新创企业的绩效有重要的影响。我们基于创业激情的两个内涵来提出这个假设。创业者的创业激情包含两个内涵:一个内涵是强烈的积极情感,另一个是创业角色认同。强烈的积极情感能够驱动创业者设立更具有挑战性的目标(Baron et al., 2011)。而具有挑战性的目标能够激活创业者在追求目标过程中的自我规范意识,这种自我规范意识能够让创业者调动自己的能量以及认知资源去应对创业过程中遇到的挑战和困难（Baron et al., 2012）。在追逐挑战性目标的过程中，创业者会不断地通过各种方式刻苦训练自己，从而获取创业所需的创业技能，进而促进新创企业绩效的提高（Vallerand et al., 2007; Baron, 2008）。另外，强烈的积极情感会让创业者自身展现出自己的创业情感，这种情感很容易感染与创业者有互动的人（如投资者、员工）（Barsade, 2002）。创业者在新创企业创立及发展的过程中，并不是一个人在运作企业，而是需要从外部获取资源（如从投资机构获取财务资源），需要激励员工为企业贡献他们的才智（Cardon, 2008）。而强烈的创业激情能够帮助创业者说服利益相关者，让他们为企业投入自己的资源（如金钱、时间、人力资源等）（Chen et al., 2009; Mitteness et al., 2012; Breugst et al., 2012）。从利益相关者处获取的财务及人力资源能够帮助新创企业克服"新进入缺陷"，从而实现绩效的提升（Stinchcombe and March, 1965; Barney et al., 2001）。

创业激情的另外一个内涵是角色认同，对创业者的行为以及创业产出有重要影响（Alsos et al., 2016）。创业者的角色认同能够让创业者沉浸在自己的创业事业中，高度卷入创业相关活动中，比如搜寻机会、为企业的成长获取资源、开发新市场、创造新的接近顾客的方式、提供新的产品或服务（Cardon et al., 2013; Yitshaki and Kropp, 2016）。因为创业者沉浸在创业活动中，很难被外界环境的不确定性打扰，从而容易战胜创业过程中遇到的困难（Baum and Locke, 2004）。因此，创业者能够有效完成这些创业活动，增加市场份额以及顾客持有量，从而促进新创企业绩效的提升（Cardon et al., 2009a）。

以上的这些逻辑在中国情境下尤为突出。因为中国具有高的权力距离，以及对权威的尊重和服从。在中国，创业者在新创企业中具有很高的权威，因此能够对企业和员工产生更大的影响（Hofstede, 2001）。另外，在中国社会，创业者作为新创企业的领导，也是新创企业里边员工的榜样（Zhang et al., 2014）。因此，一方面，创业者对创业活动投入大量的激情和经历，在企业中扮演着创业榜样，促进新创企业的成长。另一方面，员工会学习并且跟随创业者的行为，从而为新创企业贡献更多的资源与力量。所以，在中国，创业者的创业激情更能够促进新创企业绩效的提升。基于上述理由，本研究提出以下假设。

H1：创业者的创业激情显著正向影响新创企业绩效。

4.2.2 机会获取的中介作用

没有机会的识别和利用,就没有创业,因此,机会的获取能力是新创企业成功的关键。机会获取能力指组织对机会的识别以及快速反应与利用能力(Short et al., 2010)。之前的研究多从创业者的人力资本(如,DeTienne and Chandler, 2007;Bhagavatula et al., 2010)、先前经验(如,Shane, 2000;Ardichvili et al., 2003)、认知(如,Kirzner, 1997;Gaglio, 2004)、社会网络(如,Hills et al., 1997;Ramos-Rodríguez et al., 2010;Li et al., 2014)等探索创业者对于机会获取的影响,很少有研究探索创业过程中的情感如何影响创业过程中最关键的机会获取。Baron(2008)从理论上阐述了创业者的积极情感会影响机会识别、资源获取以及对机会的快速反应。Foo等(2009)通过实验证明情感确实会影响机会评估过程中的风险感知以及对不确定结果的偏好,但是至今没有实证研究探讨创业者创业激情对于机会获取的影响机制。本研究则基于高阶梯队理论、创业激情以及机会获取的相关文献,从理论机制上探索创业者创业激情对于机会获取的影响。

首先,根据以往心理学方面的研究,积极的情感能够有效提高创造力(Isen, 2001)。因为积极的情感能够提升认知灵活性,进而提升创造性结合事物、创造新事物的能力(Isen, 2002)。因此,创业激情作为一种对创业活动所表现出来的积极的情感,能够促进创业者创造力的提升(Baron and Tang, 2011)。创造力,已经被证明对于提升组织的机会获取具有积极的作用(Lumpkin and Lichtenstein, 2005;Baron, 2008)。因为机会的识别需要创业者能够看到被人忽视的机会中潜在的商业机会,只有具备创造力的创业者才能够看到不被人所发现或者是被别人低估的机会的商业价值(Baron, 2006)。另外,机会的利用也需要开发出能够满足顾客需求或者市场需求的产品及服务,在这些过程中,创造力都发挥着重要的促进作用(Gielnik et al., 2012)。因此,创业激情可以通过提高创造力进而提升组织的机会获取能力。

其次,创业激情也能够提升创业者个人对于外界信息的感知,扩大其信息感知范围和程度,使其更容易接收到更多的信息(Ma et al., 2017)。这个主要是因为,创业激情作为一种面向创业活动的动力机制,会赋予创业者积极的能量以及努力导向,让创业者积极搜索更多与机会识别以及开发相关的信息(Foo et al.,2009)。感知大量的信息,寻找到信息之间的关联,能够提高组织发现机会的能力。另外,因为对信息的感知,创业者才能知道从哪里能够获得新创企业开发机会所需要的各种资源,如关键的技术、重要的人才等。因此,创业激情能够通过扩大创业者对于信息的感知而提高组织的机会获取能力。

再次,创业激情的情绪感染性让创业者对其他人的态度更具感染性,即说服力更强。根据情绪感染理论,具有强烈情感的人会通过肢体及口头语言,以及表情等表现出自己的积极情感(Cardon, 2008)。因此,创业激情能够让创业者通过各种身体语言及行为等向员工、投资人等表现出自己对创业活动的积极且强烈的感情,从而容易感染这些人,让员工、投资人等更容易贡献自己的智力资源、财务资源等(Chen et al.,2009)。新创企业面临资源的限制,当发现机会时,需要有资源的配合,才能够开发机会。因此,创业激情能够通过帮助新创企业获取资源来开发机会,从而提升组织的机会获取能力。基于上述理由,本研究提出以下假设:

H2:创业者的创业激情显著正向影响组织机会获取。

机会识别与开发利用被认为是创业成功的关键,机会被认为是创业的起点。如Gilbert等(2006)指出机会开发能够为新创企业带来销售增长。但是组织的机会获取能力是否能够提升新创企业绩效,现在还缺乏实证研究(Short et al., 2010)。现有研究主要关注机会开发的类型与新创企业成长之间的关系。如陈海涛(2007)提出均衡型创业机会开发与创新型机会开发都有助于提升企业的绩效。张梦琪(2015)通过实证研究证明创新型创业机会开发与模仿型创业机会开发都会促进新创企业的成长。

本书将从组织机会获取能力的内涵来阐述其对于新创企业绩效的促进作用。组织的机会获取能力的具体内涵是企业对机会拥有高度的警觉性,并且能够快速调集资源来开发利用机会(Li et al., 2014);同时组织关注并开发利用具有潜在高商业价值的机会,并充分开发其潜在的价值。因此,组织的机会获取能力帮助新创企业形成高的机会警觉性,能够发现具有潜在商业价值的机会,并且还能够有效开发利用这些商业机会,充分发掘这些机会的潜在价值。因此,对机会的快速反应和开发能力,能够让新创企业先于其他企业开发相关的新产品、服务或市场,从而使得新创企业具有先动性优势(Dess and Lumpkin, 2005)。

所谓先动性优势,指企业通过率先进入市场或领域所获取的优势。从经济学角度来说,先动性优势通过构建了进入壁垒来帮助企业实现竞争优势,因为率先进入市场的企业占据着资源先取得优势,如市场、人才等,同时有助于建立行业的相关进入规范(如技术规范和管理规范)。因此,这能够帮助企业获取竞争优势(杜运周等,2008)。从行为理论视角出发,通过组织机会获取能力实现先动优势的企业,能够率先建立品牌形象,从而有利于锁定消费者,建立消费者对本企业产品或服务的消费偏好,从而帮助企业获取超额利润,进而实现企业的竞争优势(Hsiao et al., 2015)。基于上述理由,本研究提出以下假设:

H3:组织的机会获取显著正向影响新创企业绩效。

基于高阶梯队理论,创业者作为新创企业的创办者和管理者,对新创企业绩效有显著的影响,而创业者对新创企业绩效的影响是通过影响组织的战略或组织行为而发挥作用的。基于前述的假设,创业者创业激情正向影响新创企业绩效,创业者创业激情正向影响组织机会获取能力,同时组织机会获取能力正向影响新创企业绩效。综上所述,本研究提出下列假设:

H4:组织机会获取中介创业者的创业激情与新创企业绩效间的关系。

4.2.3　人力资本的调节作用

当企业处于初创阶段,其缺乏组织层面的管理及运营经验,因此创业者的先前经验,作为组织的一种认知资源,在新创企业成长过程中的作用不容忽视(Davidsson and Honig, 2003)。肖特(Short)等(2010)指出创业者先前行业经验作为创业者的一种重要人力资本,虽然其对创业成功的重要作用已被研究,但是其与创业者的其他认知、情感的交互作用还尚待探索。在探索创业激情对组织机会获取能力机制的过程中,由于机会获取需要认知资源(创业者先前经验)的投入,因此本研究探索创业者先前行业经验在创业者创业激情与组织机会获取之间的调节作用。

创业者是新创企业的灵魂人物,其在之前行业从业过程中积累的行业知识与经验是新创企业重要的知识来源(汤淑琴等,2015)。当创业者拥有丰富的行业经验与知识时,形成的认知结构能够使其更好地判断行业信息的重要性、前瞻性以及价值性(Bhagavatula et al., 2010)。当创业激情促使创业者感知并接收到更多样化的信息时,创业者的先前行业经验能够对接收到的这些信息进行筛选以及判断,过滤掉无价值的信息,保留具有价值的信息,从而减轻创业者以及组织的信息处理负担,进而实现信息的高效筛选与整合,从而促进有效时间内的机会识别(De Tienne and Chandler, 2007)。简言之,先前行业经验能够帮助具有创业激情的创业者高效整合并处理机会相关的信息,进而促进机会识别。

另外,创业者的先前行业经验能够为新创企业提供认知合法性(汤淑琴等,2015)。新创企业由于面临资源限制,需要创业者获取外部资源以支持新创企业的成长。创业者展现出的创业激情在新创企业获取资源的过程中具有重要的促进作用,是因为其向外部利益相关者展现了其对创业的自信与激情。而当创业者具有丰富的行业经验时,其先前经验所代表的认知会让投资者、潜在客户更加确信创业者所在新创企业的合法性,确信其在未来能够带来收益,从而更有可能为新创企业投入资源,促进新创企业机会的开发与利用。简言之,创业者的人力资本能够通过提供合法性来强化创业激情在资源获取的游说过程中的说服力,从而帮助新创企业获取机会开发所需要的资源。因此,本研究提出下列假设:

H5:创业者的先前行业经验正向调节创业者的创业激情与机会获取之间的关系。

4.2.4　社会资本的调节作用

创业者的社会资本指存在于创业者个人所拥有的关系网络、能够带来现实和潜在的资源(Nahapiet and Ghoshal,1998)。以往的很多研究指出创业者个人社会资本对机会识别与开发利用具有重要的促进作用(张梦琪,2015),但是却很少有人研究创业者社会资本与创业者个人其他因素的交互作用(De Carolis and Saparito, 2006)。基于创业激情在影响组织机会获取的过程中,需要通过社会资本获取机会识别及开发所需要的信息与资源,本书探索创业者社会资本对创业者创业激情与组织机会获取之间关系的调节作用。创业者的社会资本为其提供了与外界进行信息交流的渠道,同时还能够提供大量的实际资源(De Carolis and Saparito, 2006; Ramos-Rodríguez et al., 2010)。

当创业者拥有多的社会资本时,其获取信息的资源渠道增多,从而帮助具有创业激情的创业者获取更多的信息，同时创业激情能够帮助创业者创造性地整合这些信息，从而促进机会的发现以及开发利用。简言之，创业者的社会资本为具有创业激情的人提供了更多信息获取的渠道，进而促进了其对信息的获取与创造性加工，从而促进新创企业的机会获取。另外，机会的开发和利用要考虑到组织现有的资源以及组织所能获取的资源，以及外部对组织的支持程度。当创业者仅仅自己具有创业激情时，并不能有效获取机会开发所需要的资源，而创业者的社会资本能够帮助其获得这些资源。因此，创业者的社会资本能够强化创业者创业激情与机会获取之间的关系。因此，本研究提出下列假设：

H6：创业者的社会资本正向调节创业者的创业激情与机会获取之间的关系。

4.3 研究设计

4.3.1 数据收集

本研究的研究对象是创立时间不超过8年的新创企业。因为收集新创企业创业者数据的困难性（Li and Zhang, 2007），我们和经济与信息委员会进行了合作。此次问卷调研历时1年，2014年先对250家新创企业进行调研，回收问卷176份。在问卷发放后1年，又对176家企业进行追踪研究，收回118份，有效回收率为67.1%。剔除掉填答不完整的问卷，最终用于分析的问卷是110份。表4-1展示了基本的样本信息。在本次调研中，制造业企业占比85.5%。成立时间1~3年的企业占总样本的9.1%，4~6年的占比为50.0%，7~8年的占比为40.9%。本样本的企业基本都是中小企业，员工数小于200人的企业占总样本的90.9%。而这些企业的创业者的年龄多集中在30~50岁，占比达78.2%。这些企业的创业者的教育水平在专科及以下的达80.0%，拥有本科学历的仅占17.3%，拥有硕士学历的仅占2.7%。

表 4-1 样本信息

变量		数量/家	百分比/%
行业	制造业	94	85.5
	其他	16	14.5
公司年龄	1~3年	10	9.1
	4~6年	55	50.0
	7~8年	45	40.9
公司员工	1~100人	74	67.3
	101~200人	26	23.6
	>200人	10	9.1
创业者年龄	30岁以下	13	11.8
	31~40岁	30	27.3
	41~50岁	56	50.9
	51~60岁	11	10.0
创业者性别	男性	99	90.0
	女性	11	10.0
创业者受教育程度	高中	39	35.5
	专科	49	44.5
	本科	19	17.3
	硕士	3	2.7

4.3.2 变量测量

本研究中量表均来源于现有的文献。问卷的原始量表均来源于权威期刊中的英文量表。具体量表题项参见附录2。

(1)新创企业绩效。在中国搜集组织绩效信息存在极大的难度(Park and Luo, 2001),特别是新创的中小企业,它们没有上市,没有公布数据,对自己的绩效信息又不愿意披露。目前在中国针对中小企业或新创企业的绩效测量基本是采用主观绩效(Li and Zhang, 2007;Guo et al., 2014)。目前对于新创企业绩效的主观测量主要测量销售、利润、市场份额等(Chen, 2009;Guo et al., 2014)。本书采用 Chen(2009)的论文中的量表,用 4 个题项测量新创企业绩效。所有题项的因子载荷在 0.83~0.93 之间,Cronbach's α

值为0.87。

（2）创业激情。目前创业研究领域对创业激情的测量主要有两种，一种是从心理学中借鉴而来的测量，将创业激情分为和谐性激情和强迫性激情（Ho and Pollack，2014）。但是此测量方法的缺陷是它并没有根据具体创业情境进行具体化分析。Cardon等（2013）开发了创业情境下的创业激情量表，将创业激情分为三个维度，即发明的激情（inventing passion）、创立的激情（founding passion）以及发展的激情（developing passion）。该量表也是目前应用比较广泛的量表。本研究采用了这一量表。我们采用五点李克特量表，用12个题项测量创业激情。例如，"发现能够商业化的还未被开发的商业需求会让我很兴奋"，"成为一个企业的主任是我人生的重要部分"，"我热衷于培育并促进公司的成长"。所有题项的因子载荷在0.60~0.85，Cronbach's α 值为0.92。

（3）机会获取。该变量的量表包含3个测量题项，出自李垣（Li）等（2014）。这些题项用来测量组织对机会的警觉性以及对机会的获取与开发。例如，"我公司对机会的警觉性较高，能够快速抓住商业机会"，"我公司会关注具有高发展潜力的商业机会"，"我公司能够开发商业机会的潜在价值，以创造竞争优势"。所有题项的因子载荷在0.80~0.88之间，Cronbach's α 值为0.82。

（4）先前行业经验。本研究根据卡萨尔（Cassar）（2014）、塞姆劳（Semrau）和霍普（Hopp）（2016）所使用的量表，用1个题项测量了创业者的先前行业经验。测量题项为"你是否有和你目前创业企业相关的行业经验"（1＝有；0＝没有）。

（5）社会资本。本量表改编自Park等（2011）使用的社会资本的量表，共13个题项。这些题项主要测量了社会资本的两个方面，即关系维护与关系建立。例如，"我结交了许多新的生意伙伴"，"我经常与交易密切的生意伙伴保持联系"。所有题项的因子载荷在0.66~0.82之间，Cronbach's α 值为0.94。

（6）控制变量。本研究将企业层面的年龄、企业规模（通过企业员工数衡量）以及个人层面的创业者年龄和性别作为控制变量（Baron and Tang，2009）。

4.4 数据分析结果 ▶····· ·······································

4.4.1 信度和效度检验

本研究通过验证性因子分析检验测量的信度和效度。表4-2展示了各个变量的信效度指标。如表4-2所示,所有变量的测量题项的因子载荷在0.60~0.93,高于0.60的阈值。所有变量的Cronbach's α 在0.82~0.94,高于0.7的阈值。这表明变量的测量具有良好的信度。另外,所有变量的组合信度在0.89~0.95,高于0.70的阈值。每个变量的平均方差提取值(AVE)在0.57~0.80,也超过了0.50的阈值。这些结果表明变量的聚敛效度较好。除此之外,我们通过比较变量间相关系数与AVE平方根的方法来检验变量的区分效度。如表4-3所示,每个变量的AVE的平方根都大于所有相关系数,因此变量的区分效度较好。

表4-2 信度和效度检验

变量	因子载荷	Cronbach's α	组合信度	AVE
创业激情	0.60~0.85	0.92	0.94	0.58
社会资本	0.66~0.82	0.94	0.95	0.57
机会获取	0.80~0.88	0.82	0.89	0.74
新创企业绩效	0.83~0.93	0.87	0.92	0.80

表4-3展示了各变量的均值、标准差(SD)和相关系数。创业激情和先前行业经验负相关($\beta = -0.20, p < 0.05$),和社会资本、机会获取以及新创企业绩效显著正相关(分别是$\beta = 0.61, p < 0.01$;$\beta = 0.29, p < 0.01$;$\beta = 0.19, p < 0.05$)。机会获取与新创企业绩效也是显著正相关($\beta = 0.23; p < 0.05$)。

表4-3 均值、标准差(SD)和相关系数表

变量	均值	SD	1	2	3	4	5	6	7	8	9
1.企业年龄	5.79	1.72									
2.企业资产	1.83	0.43	0.23*								
3.创业者年龄	41.83	7.96	0.16	−0.09							

续表

变量	均值	SD	1	2	3	4	5	6	7	8	9
4.创业者性别	1.10	0.30	−0.12	0.02	−0.30**						
5.创业激情	3.98	0.49	0.16	0.11	−0.04	0.38**	**0.76**				
6.先前经验	0.64	0.48	−0.07	−0.10	−0.07	0.12	−0.20*				
7.社会资本	3.94	0.46	0.27**	0.17	0.01	−0.40**	0.61**	−0.11	**0.75**		
8.机会获取	4.03	0.43	−0.11	0.08	−0.05	0.01	0.29**	−0.07	0.38**	**0.86**	
9.绩效	3.64	0.61	0.11	0.27**	−0.09	0.02	0.19*	−0.06	0.22*	0.23*	**0.89**

注: $^*p<0.05$, $^{**}p<0.01$。加粗的是平均方差提取值(AVE)的平方根。

4.4.2 回归分析结果

本研究通过用 SPSS 软件进行逐步回归分析的方法来检验我们的假设。基于以往关于新创企业绩效的研究(Baron and Tang, 2009),本研究检验三个条件:(1)创业者的创业激情对机会获取的影响是显著的;(2)创业者的创业激情和机会获取同时对新创企业绩效回归产生影响,机会获取对绩效的影响是显著的;(3)创业者的创业激情与创业者的人力资本和社会资本的交互项对机会获取的影响是显著的。在这些回归分析中系数的方差膨胀因子(VIF)最大值为 1.79,小于 10 的阈值,因此多重共线性不严重。

本研究的回归分析中,创业激情以及所有的控制变量是第一阶段问卷测量的,机会获取、先前行业经验、社会资本以及新创企业绩效是第二阶段问卷测量的。通过多时间段变量测量,可以减少共同方法偏差。

表 4-4 中介效应分析

变量		机会获取	新创企业绩效	
		模型1	模型2	模型3
企业层面控制变量	企业年龄	−0.12	0.09	0.12
	企业规模	0.06	0.22*	0.21*
个人层面控制变量	创业者年龄	0.12	−0.04	−0.04
	创业者性别	0.12	0.08	0.06
主效应	创业激情	0.34***	0.19*	0.13
	机会获取			0.18*
	R^2	0.11	0.12	0.15

续表

变量		机会获取	新创企业绩效	
		模型1	模型2	模型3
主效应	调整后 R^2	0.07	0.07	0.10
	ΔF	10.75***	3.42*	3.58*

注：*$p < 0.05$，***$p < 0.001$。

H1假设创业者的创业激情对新创企业绩效有正向的影响。如表4-4模型2所示，创业者的创业激情显著正向影响新创企业绩效（$\beta = 0.19, p < 0.05$）。因此H1成立。同时，表4-4中模型1表明创业者的创业激情显著正向影响新创企业的机会获取（$\beta = 0.34, p < 0.001$），因此H2成立。表4-4的模型3表明机会获取对新创企业绩效的影响是显著的（$\beta = 0.18, p < 0.05$）。因此，H3成立。由于表4-4中模型3中机会获取对新创企业有显著正向影响，且模型3中创业激情对于新创企业的绩效不显著（$\beta = 0.13, p > 0.05$），因此机会获取完全中介创业者创业激情与新创企业绩效之间的关系，所以H4成立。

H5假设创业者的先前行业经验正向调节创业者的创业激情与机会获取之间的关系，当创业者有先前经验时，创业者的创业激情与机会获取之间的关系越强。表4-5的模型4结果显示，创业者的创业激情与创业者的先前行业经验的乘积项负向影响机会获取（$\beta = -0.19, p < 0.05$）。因此，H5不成立。另外，表4-5的模型4结果显示，创业者的创业激情与创业者的社会资本的乘积项正向影响机会获取（$\beta = 0.30, p < 0.01$）。因此，H6成立。

表4-5　调节效应分析

变量		机会获取			
		模型1	模型2	模型3	模型4
企业层面控制变量	企业年龄	-0.11	-0.12	-0.15	0.15
	企业资产	0.10	0.06	0.22	-0.02
个人层面控制变量	创业者年龄	-0.04	0.01	0.22	-0.03
	创业者性别	-0.03	0.12	0.20+	-0.08
主效应	创业激情（EP）		0.34***	0.13	0.21*
	创业者行业经验（PE）			-0.02	-0.01
	创业者社会资本（SC）			0.40***	0.36**

续表

变量		机会获取			
		模型1	模型2	模型3	模型4
交互项	$EP×PE$				-0.19^*
	$EP×SC$				0.30^{**}
	R^2	0.02	0.12	0.20	0.32
	调整后R^2	0.02	0.07	0.15	0.26
	F	0.50	2.59^*	3.70^{***}	5.19^{***}

注:$^*p<0.05$,$^{**}p<0.01$,$^{***}p<0.001$。

另外,由于创业者的先前行业经验是虚拟变量,因此我们对创业者的先前行业经验进行分组,即有行业经验的创业者和没有行业经验的创业者两组。分析结果见表4-6。表4-6的结果表明,当创业者有行业经验时,创业者的创业激情对机会获取没有显著影响($\beta=0.09$,$p>0.05$);而当创业者没有行业经验时,创业者的创业激情对机会获取有显著的影响($\beta=0.35$,$p<0.05$)。因此,H5进一步被拒绝。

表4-6　分组回归分析结果

	有行业经验	无行业经验
创业激情→机会获取	0.09	0.35^*

注:$^*p<0.05$。

为了进一步理解创业者的社会资本的调节效应,图4-2显示了当创业者的社会资本高和低时,创业者的创业激情对机会获取的影响(Aiken and

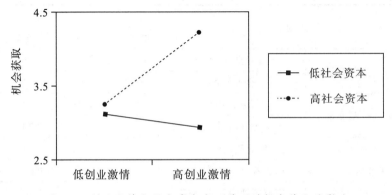

图4-2　创业激情与社会资本交互作用对机会获取的影响

West,1991）。创业者的社会资本强化了创业者的创业激情与机会获取之间的关系,即当创业者的社会资本高时,创业激情与机会获取之间的关系更强。因此H6进一步被证明。

表4-7展示了本书假设的验证情况。

表4-7 假设检验结果

假设	结论
H1:创业者的创业激情显著正向影响新创企业绩效。	支持
H2:创业者的创业激情显著正向影响组织机会获取。	支持
H3:组织的机会获取显著正向影响新创企业绩效。	支持
H4:组织机会获取中介创业者的创业激情与新创企业绩效间的关系。	支持
H5:创业者的先前行业经验正向调节创业者的创业激情与机会获取之间的关系。	不支持
H6:创业者的社会资本正向调节创业者的创业激情与机会获取之间的关系。	支持

4.5 结论与讨论 ▶····

本研究基于高阶梯队理论以及创业的机会视角,实证检验了创业者创业激情对新创企业的影响机制。研究结果表明创业者的创业激情正向影响新创企业的机会获取与绩效,同时,创业激情对新创企业绩效的作用是通过机会获取发挥的。本书的研究结果还表明创业者的社会资本能够强化创业激情与机会获取之间的关系,即当创业者拥有高水平的社会资本时,创业激情对机会获取的作用会更显著。但是,研究结果表明创业者的先前行业经验负向调节创业激情与机会获取之间的关系,即:当创业者没有先前行业经验时,创业激情与机会获取间的关系显著;而创业者有先前行业经验时,创业激情对机会获取的影响不显著。这与我们的假设相反。

我们从替代效应的角度(Gao et al.,2008)去解释当创业者具有先前行业经验时,创业激情对机会获取没有显著影响,而没有先前行业经验时,创业激情对机会获取具有显著的正向影响。当创业者具有先前行业经验时,其具有相对充分的知识和经验能够去识别行业潜在的商业机会,并通过自己先前行业经验中形成的资源渠道获取资源去开发机会。换言之,由先前行业经验所形成的认知结构以及相应的资源已经能够帮助新创企业获取机会,则对通过创业激情来获取机会的需求不大,也就是说先前行业经验替代了创业激情在机会获取中发挥的作用。当创业者没有先前行业经验时,其对该行业本身的认知不足,很难去发现和利用机会,因此主要依赖创业激情去促进机会获取。因此,当创业者没有先前行业经验时,创业激情对机会获取的作用更为显著。

4.6 理论意义与实践意义

本书的理论意义有以下几点。第一,本研究拓展了现有对于新创企业绩效影响因素的研究。虽然先前研究指出创业激情对于创业成功有重要影响,但是很少有研究探索其对新创企业绩效的影响(Syed and Mueller, 2015)。本书通过考察创业者创业激情对新创企业绩效的影响,丰富了从领导者情感角度探索新创企业绩效影响因素的研究。同时,本研究还实证检验了组织机会获取对新创企业绩效的影响,从而丰富了从机会视角对新创企业绩效影响机制的理解。虽然创业机会被认为是创业成功的关键,但是创业机会的识别与开发利用是否能够促进组织绩效的提高这一问题目前的实证研究还很少(Short et al., 2010)。因此,本研究通过实证研究证明了机会获取对新创企业的重要作用。而且,本研究证明了组织机会获取在创业者的创业激情与新创企业绩效之间的中介作用,说明创业者的创业激情通过提升组织的机会获取能力,进而提升新创企业绩效。这一研究结论丰富了目前关于创业激情对新创企业绩效的影响机制研究。

第二,本研究丰富了创业领域对于情感的研究,特别是拓展了创业激情的研究。虽然近十年来,情感已经成为创业领域一个广受关注的话题,但是对情感对创业过程影响的实证研究还相对较少(Foo, 2011)。本书通过探索创业激情这种积极的情感对组织机会获取以及组织绩效的影响,实证了情感在创业过程中确实发挥重要作用。同时,创业激情作为创业领域的研究热点,现有研究大多探索创业激情对创业者个人认知以及行为的影响,较少探索创业激情如何影响组织层面变量。因此,本书通过验证创业激情对组织层面变量的关系,丰富了现有关于创业激情的研究。

第三,本书拓展了创业机会的研究。创业机会是创业研究绕不开的话题,在创业研究领域占有重要的一席,对创业机会的前因变量探索也较多。但是现在机会获取前因变量主要集中在创业者人力资本、社会资本、认知和人格特质等上,很少关注情感因素对机会获取的影响。Baron(2008)和Foo等(2009)均提出了情感对机会识别及开发利用的重要性,但至今还缺乏实证研究证明学者们提出的观点。本书的研究结果证明了创业激情对机会获取的显著正向作用,这一结论为学者们之前的论断提供了实证支持。另外,有学者提出对机会获取的研究要同时考虑创业者认知、情感、人力资本以及社会资本等多因素的交互影响(如 De Carolis and Saparito, 2006; Bhagavatula et al., 2010)。本书则通过考察创业者先前行业经验与社会资本对创业激情与机会获取间关系的调节作用,响应了学者的这一号召,丰富了多方面因素交互影响机会获取的研究。

第四,本研究通过结合创业者个人以及创业机会来探索新创企业绩效影响机制,响应了肖恩(Shane)等学者对于创业领域研究的号召(Shane and Venkataraman,2000;Shane,2003)。Shane 和文卡塔拉曼(Venkataraman)(2000)指出创业过程是创业者与机会相互作用的一个过程,呼吁创业研究中要同时考虑创业者个人因素以及机会因素。本书探索创业者创业激情经作用于组织机会识别与获取,进而影响新创企业绩效这一过程,因此,本研究丰富了创业领域关于创业者与机会相互作用的研究。

本研究的实践意义有以下几点。第一,由于创业者的创业激情能够促进组织机会获取以及组织绩效的提升,加强并提高创业者的创业激情对新创企业来说十分有利。以前的研究提供了集中提升创业激情的方法。一方面,可以通过多参加创业相关的活动及工作,来帮助创业者提升创业者自身的角色认同,从而提升其创业激情(Cardon et al., 2009a;Cardon et al., 2013)。另一方面,创业者也可以加强自己的创业努力,例如投入更多的时间,花费更多的精力去从事创业相关的活动,从而提升对创业的激情(Gronum et al., 2012)。

第二,我们的研究发现组织机会获取完全中介创业者创业激情与新创企业绩效之间的关系。这样的研究结果说明创业者在发挥自己创业激情对组织的积极作用时,可以投入更多时间和精力去促进组织识别与获取商业机会。

第三,由于创业者个人的社会资本能够强化创业激情与组织机会获取之间的关系,因此新创企业的创业者在提高自身创业激情的同时,要积极营建商业及政治网络,为激情所带来的创业梦想汇集更多的资源,从而促进创业的成功。

第四,虽然创业激情对创业成功具有重要作用,但是我们的研究发现当创业者拥有先前行业经验时,创业激情对机会获取的影响不显著。这一研究发现对投资者在选择投资企业时具有重要意义。创业激情确实是其做投资决策时的一个重要考量指标(Cardon et al., 2009b;Chen et al., 2009;Mitteness et al., 2012),但是投资者还需要考量创业者的其他特点,如先前行业经历等。

第 5 章

创业者创业激情对新创企业的影响机制研究：中庸思维的调节作用

5.1 引 言 ▶···

创业激情是创业过程中创业者表现出来的最为明显的现象（Smilor, 1997）。创业是一个艰难的过程，创业过程面临很多挑战与风险，而创业激情能够赋予创业者更多的创业努力和创业过程中对创业目标的追求（Foo et al., 2009；Cardon and Kirk, 2015）；同时创业激情能够通过情感感染机制影响创业者周围的利益相关者，帮助新创企业获取发展所需的稀缺资源（Cardon, 2008；Chen et al., 2009；Breugst et al., 2012）。因此，学者们认为创业激情不仅对创业者个人创业成功很重要，对新创企业的成长也很重要（Baron, 2008；Cardon et al., 2009a；Ma et al., 2017）。但是现有文献还很少探索创业激情如何影响新创企业组织层面的行为与绩效（Syed and Mueller, 2015；Drnovsek et al., 2016）。

Baum 和 Locke（2004）提出创业者的激情对于新创企业的成长影响作用并不是直接的，而是通过组织行为或战略发挥作用的。创业的过程伴随着创新，对于面临新进入缺陷与资源限制的新创企业而言，创新是新创企业突破现有企业的限制、获取竞争优势的重要战略选择（Schumpeter, 1934；Li and Atuahene-Gima, 2001）。另外，学者还指出创业中的积极情感能够通过提高创业个人的创造力进而提高组织的创新（Baron and Tang, 2011）。因此本研究提出，创业激情作为创业过程中对于创业活动所产生的一种积极情感，是否通过影响组织创新，进而影响新创企业绩效。简言之，本研究将实证探索组织创新在创业激情与新创企业绩效之间的中介作用。

现存的文献很少研究在非西方社会下创业者激情的结果变量（Su et al.，2015）。虽然创业者激情作为一种积极的情感，在一种国家文化下有效，但是在另一个国家文化下作用可能会有所不同。例如，蔡珍妮（Tsai）等（2006）指出"情感经历在很大程度上受到文化的影响"。在中国这种高集体主义与权力距离文化的国家中（Hofstede，2001），创业者在新创企业中拥有绝对的权威，所以他们的激情可能会更有效地转化为组织的战略与行为（Zhang et al.，2014；Hechavarria and Reynolds，2009）。理解在非西方社会中创业者激情对组织的影响，对于提升西方管理理论在非西方社会下的适用性十分重要且必要（Tsui，2004；Welter，2011）。因此，本研究探索中国情境下创业者激情对组织产出的影响。

虽然过去的研究已经表明情感与认知在创业过程中持续交互影响着创业各个阶段的活动（Baron，2008；Michl et al.，2009），并且认知影响情感对于创业行为的作用程度（Forgas，1995），但是很少有研究探索认知，特别是非西方社会的认知，如何调节创业者激情对于组织产出的影响（Su et al.，2015）。根植于中国传统儒家文化的中庸思维，是普遍存在于现代中国创业者身上的一种认知思维方式（李兰，2009）。具有中庸思维的人，通常能够从多个角度考虑事情，避免走向极端，能够根据情境选择合适的行为方式，维持和谐关系（Ji et al.，2010）。根据吴佳辉和林以正（2005）以及周丽芳（Chou）等（2014）的研究，中庸思维能够帮助人们有效整合外部信息，整合不同人的观点与利益，最终维持和谐的工作关系。因此，中庸思维能够促进创业者激情转化为组织创新及组织绩效，因为中庸思维能够为创业者提供强大灵活的认知能力去处理大量的信息并整合信息以及不同人的需求，最终形成和谐的组织氛围。因此，我们提出创业者的中庸思维能够调节创业者创业激情与组织创新之间的关系，以及创业激情与新创企业绩效之间的关系。通过这一研究，我们响应了学者关于在创业领域探索中国文化情境的呼吁（Zapalska amd Edwards，2001；Krueger et al.，2013；Su et al.，2015）。

总体来说，本研究在中国情境下，探索创业激情对组织创新以及新创企业绩效的影响，并探索组织创新在创业激情与新创企业绩效之间的中介作用；同时探索创业者中庸思维对创业激情与组织创新，以及创业激情与新创企业绩效之间关系的调节作用。具体研究模型见图5-1。

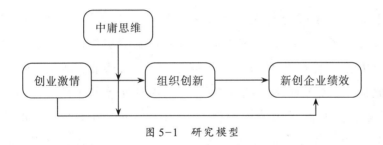

图 5-1　研究模型

5.2　理论假设

5.2.1　创业者创业激情与组织创新

　　组织创新是"组织开发或提升新产品或服务的倾向以及成功将这些产品或服务引入市场"（Gumusluoglu and Ilsev，2009）。这一概念有两个内涵。一个是战略倾向，即开发或提升新产品/服务的倾向。这一内涵其实也反映了组织的创业导向，与 Thornhill（2006）提出的组织创新是组织的一种战略导向相一致。另一个内涵是新产品/服务成功开发或推向市场，这个内涵反映了组织创新的行为维度（Calantone et al.，2002）。

　　组织创新在帮助新创企业获取竞争优势、提升组织绩效方面扮演着重要的角色，特别是在变化日益剧烈的环境中（Wong et al.，2005；Ireland and Webb，2007）。因为组织的高管能够决定组织的战略，并影响组织中员工的工作态度和工作行为（Hambrick and Mason，1984），因此很多研究从高管的视角去探寻组织创新的影响因素，如变革型领导（Makri and Scandura，2010）、过度自信（Galasso and Simcoe，2011）、人力资本和社会资本（Lin et al.，2011）。另外，学者们也开始探究组织创新在高管与组织绩效间扮演的角色，例如，加西亚-莫拉莱斯（García-Morales）等（2012）发现变革型领导有助于组织创新的提升，组织创新的提高进而促进了组织绩效的提升。近些年，学者越来越关注高管情感在组织中的作用，并且探索高管的情感如何影响组织创新（Delgado-García et al.，2010）。例如，洛克耶（Lockyer）和麦凯布（McCabe）（2010）提出考虑高管的情感因素能够促进并提升我们对组织创新的理解。另外，Baron 和 Tang（2010）同样发现创业者的积极情感能够促进提高他们的创造力，进而为组织创新提供了基础，即提供了大量组织创新的原材料。

创业者的创业激情能够提高组织创新。我们基于福格斯(Forgas)和乔治(George)(2001)提出的情感影响组织通过影响思维的过程以及思维的机制这两个方面来提出我们的假设依据。第一,激情能够提升创业者寻求多样化的倾向,这种多样化的倾向会让创业者对外界信息持有更为开放的态度,同时能够感知到更大范围的信息和想法(Isen, 2002)。例如,创业激情高的创业者能够注意并收集到更多关于潜在市场、潜在顾客及新技术的信息。而且,创业激情能够加强创业者的认知灵活性和创造性思维(Ashby and Isen, 1999),从而使创业者能够发现和创造更多信息间新的联系,比如技术的创新性组合、行业方面的跨界组合等(Isen, 2001)。对信息更大范围的感知能力以及对信息的创新组合能力能帮助创业者发现更多的创造性机会与创造性解决方案,比如,发现创业机会、推广创新性的想法和产品、开发新的接近潜在客户或投资者的方式等。

第二,创业者的创业激情让创业者更加重视创造力和创新,所以他们思维的内容就更加关注创造力和创新(Baron and Tang, 2011)。根据高阶梯队理论,高管会基于自己的价值观去影响企业的战略决策(Hambrick and Mason, 1984)。因此,我们认为创业者的创业激情能够促使他们建立组织创新战略。另外,现存的文献表明创业者的情感对组织文化有重要的影响,例如组织的共享价值观、信念等,特别是当这个企业处于初创时期的时候(Staw and Barsade,1993;Delgado-García et al.,2010;Baron et al.,2012)。例如,Baum和Locke(2004)在对新创企业中创业者的研究中指出创业者自身的特点会决定组织的工作环境以及组织文化。因此,我们认为,创业激情,作为忠实创造力及创新的积极情感,会促进创业者在新创企业中建立创新文化。在这种创新文化中,员工被鼓励去采取创新行为,产生更多的创意与创新解决方案,而不用担心会受到创新失败的惩罚(Amabile,1998;Škerlavaj et al.,2010)。总体来说,创新战略和创新文化都能够促进新创企业推出更多的新产品或服务基于上述理由,本研究提出以下假设。

H1:创业者的创业激情显著正向影响组织创新。

5.2.2　组织创新的中介作用

高阶梯队理论表明高管的特点能够影响组织战略和行为,进而影响组织绩效(Hambrick and Mason, 1984)。另外,创业领域目前的研究也提出创业者的创业激情对新创企业绩效的影响并不是完全直接的,而是会通过一些中介变量(Baum and Locke, 2004;Biraglia and Kadile, 2016)。Baum等(2001)提出创业者的激情可能会通过组织创新影响新创企业绩效。因此,我们认为组织创新可能会中介这一关系。

组织创新能够中介创业者的创业激情与新创企业绩效之间关系的前提是创业激情能够促进新创企业绩效(在前一章已经证明此关系成立)以及组织创新能够提高新创企业绩效。创新目前已经被认为是影响新创企业绩效的一个重要因素(Wong et al., 2005;Ireland and Webb, 2007)。当新创企业拥有高水平的组织创新时,它们能够更好地生存和发展(Li and Atuahene-Gima, 2001)。组织创新能够帮助新创企业鉴别创新机会、获取新的商业机会,从而为企业带来大的回报(Stam and Elfring, 2008;Wiklund and Shepherd, 2005)。组织创新还能够通过引进新产品或技术,为新创企业开创新的市场,增加市场价值和市场份额,从而提升新创企业的绩效(Lumpkin and Dess, 1996)。组织创新能够通过增加竞争者模仿难度来提升新创企业的竞争优势,进而提高新创企业绩效(García-Morales et al., 2012)。另外,组织创新能够提升新创企业应对外界动态环境的能力(Rhee et al., 2010)。基于上述理由,本研究提出以下假设。

H2:组织创新在创业者的创业激情与新创企业绩效的关系中发挥中介作用。

5.2.3 创业者中庸思维的调节作用

现有的文献表明情感和认知会交互影响人的行为(Forgas and George, 2001)。学者们指出认知会限制或扩大情感对行为的影响。例如,Forgas(1995)提出当个人选择复杂认知策略时,情感对个人行为会产生更大的作用,因为在这个过程中,情感的灌入程度更大。Forgas 和 George(2001)则指出"清楚地理解情感状态与认知状态如何交互是解释情感对组织行为影响机制的一个具有前景的研究方向"。最近的创业研究也指出创业过程就是一个情感和认知交互的过程,呼吁以后的研究要探索情感与认知的交互对创业过程以及创业行为的影响(Baron, 2008;Cardon et al., 2009a)。因此,本研究响应学者的这一号召,研究创业者中庸思维对创业者创业激情与组织创新之间关系的调节作用。

中庸思维是一种认知方式,这种思维方式会让个人"从多个角度考虑事情,避免走入极端,根据情境选择合适的行动,最终维持和谐的状态"(Ji et al., 2010)。中庸思维是中国企业家群体中普遍存在的一种认知方式(李兰,2009)。具有中庸思维的创业者更强调和谐的人际关系(吴佳辉和林以正,2005)。为了实现这种和谐关系,创业者会用全面视角去看待事情和信息,并且有效整合多方观点以及多种信息,最终采取合适的行动以避免冲突(Ji et al., 2010)。现有的文献也开始探究中庸思维对于创新的作用。例如,Yao 等(2010)研究发现员工的中庸思维会削弱员工创造力与创新行为之间的关系。

本书基于两点提出创业者的中庸思维会加强创业者创业激情与组织创新之间的关系。第一,中庸思维提供给创业者有效整合外部信息的能力,使其能够考虑多个不同的角度,选择最优的妥协解决方案,避免冲突,同时维持工作环境中的和谐关系(Ji et al., 2010;Paletz and Peng, 2009)。因此我们认为创业者的中庸思维能够通过影响创业者的思维过程以及情绪感染这两个方面来影响创业激情对组织创新的作用。中庸思维能够为创业者提供一个全面的认知能力去有效整合大量的信息,比如在大量信息中挑选有用的信息。学者们已经指出创业激情能够加强个人对环境的警觉性,从而促使个人感知到更多的信息(Isen, 2002;Syed and Mueller, 2015)。高中庸思维让拥有创业激情的创业者能够有效吸收大量的信息并应用于创新。因此,中庸思维能够帮助创业者创造更多新的连接,进而促进其创造新的产品或服务。

第二,中庸思维帮助创业者考虑员工的想法和观点,通过选择折中方案来减少与员工之间以及员工与员工之间的冲突(Ji et al., 2010),并且容易让员工对创业者产生认同(Breugst et al., 2012)。具体来说,创业者的激情能够让创业者更注重创造力和创新。而创业者这种注重创造力和创新的价值观能够转化为员工的创造性行为(Breugst et al., 2012)。这种从创业者的创业激情转化为员工创造行为的转变过程需要条件,即当员工对创业者具有认同感时才会发生。因此,我们认为创业者的中庸思维能够强化创业者创业激情转化为员工创造行为的过程,并提出以下假设。

H3:创业者中庸思维调节创业激情与组织创新之间的关系,即当创业者的中庸思维越高,创业者的创业激情对组织创新影响越大。

本书基于两个方面提出创业者中庸思维能够强化创业激情与新创企业

绩效之间的关系。第一，创业者的创业激情通过情绪感染的作用将自己的激情传递给利益相关者，从而获取其所需的资源（Chen et al., 2009；Cardon, 2008）。当创业者具有高的中庸思维时，创业者能够通过考虑各方的利益，权衡利弊，最终采取维持和谐关系的行为，从而实现与利益相关者间的和谐关系（Ji et al., 2010）。当创业者与利益相关者拥有和谐关系时，具有创业激情的创业者就能获得更多的资源去支持新创企业的成长。例如，当具有高中庸思维的创业者与投资者拥有良好和谐的关系时，创业者就能获得充足的财务资源，这时候创业者就可以在创业激情的推动下，充分利用这些财务资源去开发有价值的商业机会，从而促进新创企业扩大市场份额等，进而促进新创企业绩效的提升。

第二，当创业者具有高的中庸思维时，创业者相当于具备了灵活的认知方式，会采取更为全面及灵活的认知处理策略（Chang and Yang, 2014）。当具有创业激情的创业者在感知大范围的信息时，中庸思维能够提供灵活的认知处理策略去创造性且高效地处理这些信息，从而促进新创企业的机会识别，进而促进新创企业的绩效提升。因此，我们提出以下假设。

H4：创业者中庸思维调节创业激情与新创企业绩效之间的关系，即当创业者的中庸思维越高，创业者的创业激情对新创企业绩效的影响越大。

前面的假设说明了创业者中庸思维调节的第一阶段，即创业者激情与组织创新之间的关系（Edwards and Lambert, 2007），也调节创业者创业激情与新创企业绩效之间的关系，我们假设组织创新的中介作用也被创业者的中庸思维所调节。因此，我们提出以下假设。

H5：创业者的中庸思维对创业者创业激情与新创企业绩效关系的调节作用通过组织创新的中介实现，即当创业者的中庸思维越高，创业者的创业激情对组织创新影响越大，相应地对新创企业绩效的积极影响越强。

5.3　研究设计

5.3.1　样本收集

本研究通过问卷调查的方式，收集了中国的数据。调研的样本主要是长江三角洲地区年龄不超过8年的新创企业(Tocher et al., 2012)。我们向250家新创企业发放了问卷,最终回收176份。去掉填答不完整的问卷,最终用于分析的样本是154份。表5-1展示了用于分析的样本的基本信息。

表5-1　样本信息

变量		数量/家	百分比/%
行业	制造业	130	84.4
	其他	24	15.6
公司年龄	1~3年	35	22.7
	4~6年	44	28.6
	7~8年	75	48.7
公司资产	0~1000万元	52	33.8
	1000万~2000万元	37	24.0
	2000万~3000万元	15	9.7
	超过3000万元	50	32.5
创业者年龄	30岁以下	14	9.1
	31~40岁	41	26.6
	41~50岁	81	52.6
	51~60岁	18	11.7
创业者性别	男性	139	90.3
	女性	15	9.7
创业者受教育程度	高中	53	34.4
	专科	72	46.8
	本科	25	16.2
	硕士	4	2.6

5.3.2　变量测量

本问卷所用量表均来源于英文文献。创业者创业激情,创业者中庸思维,组织创新以及新创企业绩效均是通过5点李克特量表测量。1代表完全不同意,5代表完全同意。具体量表题项参见附录。

(1)新创企业绩效。本书根据Chen(2009)的工作,用4个题项测量新创企业绩效。

（2）创业激情。本书采用了 Cardon 等（2013）开发的创业激情的量表。12 个测量题项被用来测量创业激情。

（3）中庸思维。中庸思维的量表来源于吴佳辉和林以正（2005）。15 个题项被用来测量中庸思维。

（4）组织创新。在现有文献中，对组织创新的测量方式有很多，有的测量组织创新战略倾向，有的测量组织的创新成果，有的测量组织的创新行为。由于本书对于组织创新的概念界定包含两个方面，即组织开发或提高新产品/服务的倾向以及企业成功将这些产品/服务推向市场（Gumusluoglu and Ilsev,2009）。所以我们采用了能够反映这两个方面（即战略倾向与行为）的测量问卷。问卷来自科尔文（Covin）和斯莱文（Slevin）（1989）所用的量表，用 3 个题项测量组织创新。例如，"我公司强调研发、技术领先和创新"，"我公司的新产品/服务是突破式创新"，"我公司在近 3 年里有很多新产品/服务推向市场"。

（5）控制变量。本书引入了 5 个控制变量。在企业层面，我们引入了企业年龄、企业资产。在个人层面，我们引入了创业者的性别、年龄以及受教育程度。

5.4 数据分析结果

5.4.1 信度和效度检验

我们通过验证性因子分析来检验各变量的信度和效度。表 5-2 是分析结果，包括因子载荷、Cronbach's α 值、组合信度和 AVE（平均方差提取值）。变量的信度通过 Cronbacha's α 和组合信度来测评。如表 5-2 所示，所有变量的 Cronbacha's α 值在 0.86~0.95，均超过了 0.70 的阈值。所有变量的组合信度在 0.91~0.96 之间，也都超过了 0.70 的阈值。所以这些都表明变量具有良好的内部一致性。变量的效度主要通过因子载荷和 AVE 来评估。所有变量测量题项的因子载荷都在 0.63~0.93，高于 0.6 的阈值。变量的 AVE 值也在 0.60~0.85，超过了 0.5 的标准阈值。同时，我们还通过比较 AVE 的平方根和相关系数的大小来评估区分效度。如表 5-3 所示，AVE 平方根的最小值是

0.77，而变量间相关系数的最大值是 0.63，所以 AVE 的平方根都大于变量间的相关系数，这表明变量之间具有良好的区分效度。

表 5-2　信度和效度检验

变量	因子载荷	Cronbach's α	组合信度	AVE
创业激情	0.63~0.85	0.94	0.95	0.60
中庸思维	0.71~0.85	0.95	0.95	0.62
组织创新	0.84~0.93	0.86	0.91	0.78
新创企业绩效	0.90~0.93	0.94	0.96	0.85

5.4.2　回归分析结果

表 5-3 显示了变量的均值、标准差（SD）和相关系数。如表 5-3 所示，创业者中庸思维与组织创新以及新创企业绩效都是显著正相关的。中庸思维与新创企业绩效显著正相关，但与组织创新没有显著相关关系。组织创新与新创企业绩效也是显著相关。

表 5-3　均值、标准差（SD）和相关系数

变量	均值	SD	1	2	3	4	5	6	7	8	9
1. 企业年龄	5.75	2.08									
2. 企业资产	7.13	1.76	0.02								
3. 创业者年龄	42.43	7.60	0.06	0.20*							
4. 创业者性别	1.10	0.30	0.12	−0.16*	−0.21**						
5. 创业者教育	2.81	0.87	−0.09	0.26**	−0.20*	−0.01					
6. 创业激情	4.00	0.48	−0.10	0.04	−0.14	−0.02	0.22**	**0.77**			
7. 中庸思维	3.91	0.51	−0.07	0.09	−0.01	−0.26**	0.11	0.58**	**0.79**		
8. 组织创新	3.73	0.71	−0.06	−0.03	−0.16*	0.11	0.10	0.36**	0.10	**0.88**	
9. 企业绩效	3.81	0.77	−0.08	−0.11	−0.12	0.05	−0.01	0.43**	0.16*	0.63**	**0.92**

注：$^*p<0.05$，$^{**}p<0.01$，加黑的是平均方差提取值（AVE）的平方根。

我们通过多层次线性回归来检验我们提出的假设。如表 5-4 所示，在模型 1 中，我们带入了控制变量，对组织创新进行回归，结果显示控制变量

可以解释组织创新 4% 的变化（$R^2 = 0.04$）。在模型 2 中，我们增加了创业者创业激情这个自变量，结果显示创业者创业激情正向显著影响组织创新（$\beta = 0.34, p < 0.001$），并且创业激情变量的引入使模型对组织创新的解释度提升到 15%（$R^2 = 0.15$），因此 H1 被验证。在模型 3 中，我们带入了控制变量，对新创企业绩效进行回归，这些控制变量能够解释新创企业变量 3% 的变化（$R^2 = 0.03$）。在模型 4 中，我们增加了创业者创业激情，结果显示创业者创业激情显著正向影响新创企业绩效（$\beta = 0.45, p < 0.001$），且创业激情变量的加入，使得模型的解释度提高到 22%（$R^2 = 0.22$），这一结论与第四章中的 H1 结果相同，即创业激情显著正向影响新创企业绩效。在模型 5 中，我们又加入了组织创新，即控制变量、创业激情以及组织创新同时对新创企业绩效进行回归，结果显示组织创新与新创企业绩效显著正相关（$\beta = 0.54, p < 0.001$）。同时，由于在模型 5 中，创业激情对新创企业绩效仍然是显著正向影响（$\beta = 0.27, p < 0.001$），并且相较于模型 4 中创业激情对新创企业绩效的影响（$\beta = 0.45, p < 0.001$），影响系数是下降的。因此组织创新在部分中介创业者创业激情与新创企业绩效之间的关系。因此 H2 被验证。

表 5-4　中介效应回归分析结果

变量		组织创新		新创企业绩效		
		模型 1	模型 2	模型 3	模型 4	模型 5
组织层面控制变量	企业年龄	-0.04	-0.03	-0.07	-0.05	-0.03
	企业资产	-0.01	-0.01	-0.08	-0.09	-0.08
个人层面控制变量	年龄	-0.13	-0.09	-0.10	-0.05	0.01
	性别	0.09	0.10	0.03	0.04	-0.01
	教育	0.07	0.01	-0.02	-0.11	-0.11
主效应	创业激情		0.34***		0.45***	0.27***
	组织创新					0.54***
	R^2	0.04	0.15	0.03	0.22	0.47
	调整 R^2	0.01	0.11	0.01	0.19	0.44
	F	1.17	4.27***	0.82	6.80***	18.31***

注：***$p < 0.001$。

另外，根据 Preacher 和 Hayes（2008）的研究，我们采用了 bootstrapping 程

序进一步验证了H2。如表5-5所示,创业者创业激情通过组织创新影响新创企业绩效的这一非直接效应是显著的(indirect effect＝0.30,95 percent CI＝0.18~0.43),在0.18与0.43之间不包含0。因此H2被支持。

表5-5　Bootstrapping 中介分析结果

	Bootstrap indirect effect	SE	Lower limit 95% CI	Upper limit 95% CI
创业激情—组织创新—绩效	0.30	0.07	0.18	0.43

本研究的调节效应通过多层次线性回归来检验。表5-6展示了中庸思维对于创业激情与组织创新间关系的调节分析结果。在模型1中,我们放入了控制变量,对组织创新进行回归,结果显示控制变量可以解释4%的变化(R^2＝0.04)。在模型2中,我们加入了创业者的创业激情,结果显示创业激情对组织创新有显著正向影响(β＝0.34,$p < 0.001$),这个结果表明H1被支持。在模型3中,我们加入了调节变量中庸思维,结果显示中庸思维对组织创新并没有显著影响(β＝-0.13,n.s.)。在模型4中,我们加入了创业激情与中庸思维的交互项,结果表明创业者的中庸思维正向影响创业者创业激情与组织创新之间的关系(β＝0.30,$p < 0.001$),因此H3验证被支持。

表5-6　中庸思维调节创业激情与组织创新间关系的回归分析结果

变量		组织创新			
		模型1	模型2	模型3	模型4
企业层面控制变量	企业年龄	-0.04	-0.03	-0.03	0.01
	企业资产	-0.01	-0.01	-0.01	0.08
个人层面控制变量	创业者年龄	-0.13	-0.09	-0.09	-0.06
	创业者性别	0.09	0.10	0.06	0.11
	创业者教育	0.07	0.01	-0.01	-0.01
主效应	创业激情(EP)		0.34***	0.42***	0.39***
	中庸思维(ZY)			-0.13	-0.14
交互项	$EP \times ZY$				0.30***
	R^2	0.04	0.15	0.16	0.24
	调整 R^2	0.01	0.11	0.12	0.19
	F	1.17	4.27***	3.94***	5.60***

注:***$p < 0.001$。

为了进一步理解调节效应，我们画出了当创业者中庸思维高或低时，创业者创业激情对组织创新的斜率（见图 5-2）。图 5-2 的结果与 H3 是一致的，即当创业者的中庸思维高的时候，创业者的创业激情对组织创新的影响作用更强；而当创业者的中庸思维低的时候，创业者的创业激情对组织创新的影响作用减弱。

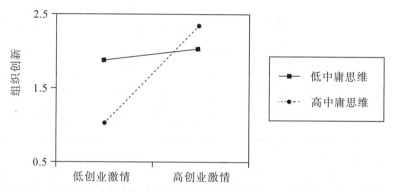

图 5.2　创业者中庸思维对创业者创业激情与组织创新关系的调节作用

表 5-7 展示了中庸思维对创业激情与新创企业绩效间关系的调节分析结果。模型 1 是控制变量对新创企业绩效的回归，结果显示控制变量可以解释 3% 的变化（$R^2 = 0.03$）。在模型 2 中，创业激情被加入回归模型中，结果显示创业激情对新创企业绩效有显著正向影响（$\beta = 0.46, p < 0.001$）。在模型 3 中，调节变量中庸思维被加入回归模型，结果显示中庸思维对新创企业绩效并没有显著影响（$\beta = -0.12$, n.s.）。在模型 4 中，创业激情与中庸思维的交互项加入回归方程中，结果表明创业者的中庸思维正向影响创业者创业激情与新创企业绩效之间的关系（$\beta = 0.19, p < 0.05$），因此 H4 被验证支持。

表 5-7　中庸思维调节创业激情与组织绩效间关系的回归分析结果

变量		新创企业绩效			
		模型 1	模型 2	模型 3	模型 4
企业层面控制变量	企业年龄	-0.07	-0.09	-0.09	-0.07
	企业资产	-0.08	-0.08	-0.08	-0.03
个人层面控制变量	创业者年龄	-0.10	-0.04	-0.04	-0.02
	创业者性别	0.03	0.05	0.02	0.05

续表

变量		新创企业绩效			
		模型 1	模型 2	模型 3	模型 4
个人层面控制变量	创业者教育	−0.02	−0.11	−0.11	−0.12
主效应	创业激情(EP)		0.46***	0.53***	0.5***
	中庸思维(ZY)			−0.12	−0.13
交互项	$EP×ZY$				0.19*
	R^2	0.03	0.22	0.23	0.26
	调整 R^2	0.01	0.19	0.20	0.23
	F	0.84	7.05***	6.31***	6.46***

注:*$p < 0.05$,***$p < 0.001$。

图 5-3 显示,当创业者中庸思维高或低时,创业者创业激情对新创企业绩效的斜率。图 5-3 的结果与 H4 是一致的,即当创业者的中庸思维高的时候,创业者的创业激情对新创企业绩效的影响作用更强;而当创业者的中庸思维低的时候,创业者的创业激情对新创企业绩效的影响作用减弱。

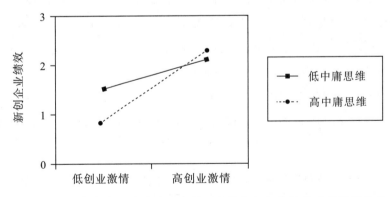

图 5-3　创业者中庸思维对创业者创业激情与组织绩效关系的调节作用

本研究根据爱德华(Edward)和兰伯特(Lambert)(2007)研究的程序,对 H5 进行验证。如表 5-8 所示,在低中庸思维的时候,创业者的创业激情与组织创新是显著正向相关的($\beta = 0.33, p < 0.05$);当高中庸思维的时候,创业者的创业激情与组织创新也是显著正相关的($\beta = 0.55, p < 0.05$)。两者的路径系数差异也是显著的($\triangle \beta = 0.22, p < 0.05$)。这些结果进一步证明了 H5。

另外,当中庸思维低的时候,创业者创业激情对新创企业绩效的间接作用是显著的($\beta = 0.19, p < 0.05$)。而当中庸思维高的时候,创业者创业激情对新创企业绩效的间接作用也是显著的($\beta = 0.27, p < 0.05$),而且两者的路径系数差异是显著的($\triangle \beta = 0.08, p < 0.05$)。这表明创业者的中庸思维强化了创业者创业激情与新创企业绩效之间的间接关系,而这个间接关系是通过组织创新中介的。因此,H5被验证。

表5-8　有调节的中介效应分析

调节变量	创业者的创业激情(X)→组织创新(M)→新创企业绩效(Y)				
	阶段		效应		
	第一段	第二段	直接效应	间接效应	总效应
	P_{MX}	P_{YM}	P_{YX}	$(P_{YM}P_{MX})$	$(P_{YX}+P_{YM}P_{MIX})$
低中庸思维	0.33*	0.57*	0.24*	0.19*	0.43*
高中庸思维	0.55*	0.50*	0.31*	0.27*	0.58*
两者差异	0.22*	−0.07	0.06	0.08*	0.15*

注:P_{MX}指创业激情对组织创新的路径系数;P_{YM}指组织创新到新创企业绩效的路径系数;P_{YX}指创业激情到新创企业绩效的路径系数。低中庸思维指中庸思维的均值减去一个标准差;高中庸思维指中庸思维的均值加上一个标准差。*$p < 0.05$。

表5-9展示了本书假设的验证情况。

表5-9　假设检验结果

假设	结论
H1:创业者的创业激情显著正向影响组织创新。	支持
H2:组织创新在创业者的创业激情与新创企业绩效的关系中发挥中介作用。	支持
H3:创业者中庸思维调节创业激情与组织创新之间的关系,即当创业者的中庸思维越高,创业者的创业激情对组织创新影响越大。	支持
H4:创业者中庸思维调节创业激情与新创企业绩效之间的关系,即当创业者的中庸思维越高,创业者的创业激情对新创企业绩效的影响越大。	支持
H5:创业者的中庸思维对创业者创业激情与新创企业绩效关系的调节作用通过组织创新的中介实现,即当创业者的中庸思维越高,创业者的创业激情对组织创新影响越大,相应的对新创企业绩效的积极影响越强。	支持

5.5　结论与讨论

本研究在中国情境下研究了创业者创业激情对新创企业绩效的影响机制。我们发现创业者的创业激情能够促进新创企业绩效的提升。这一发现与之前学者关于创业者创业激情与组织产出正向相关的研究一致（Baum and Locke, 2004；Patel et al., 2015；Biraglia and Kadile, 2016）。我们还发现组织创新中介创业者的创业激情与新创企业绩效之间的关系。本研究同时探索了在中国情境下,认知与情感交互对创业的影响。具体来说,我们的研究结果表明创业者的中庸思维能够强化创业者的创业激情与组织创新之间的关系,也能强化创业者的创业激情与新创企业绩效之间的关系。

我们的研究结果表明中庸思维对组织创新并没有显著影响（$\beta = -0.13$, n.s.）,但是中庸思维对于组织创新的影响方向是负向的。以往研究虽然并没有探索过中庸思维对于组织创新的影响,但是有研究探索过中庸思维对个人创新的影响。例如,张光曦和古昕宇（2016）研究发现员工的中庸思维能够提高员工的工作满意度,进而提升员工的创造力。而 Yao 等（2010）研究发现员工的中庸思维会减弱员工创造力与其创新行为之间的关系。因为具有中庸思维的人为了维持和谐,会放弃自己的创新观点,因此不会坚持将自己的创新性观点推行。由此可见,中庸思维对于个人创造力的影响结果并不一致。本研究并没有探索中庸思维对于组织创新的直接作用,而是重点关注当创业激情和中庸思维同时存在时,中庸思维在创业激情发挥作用过程中起到的作用,而我们的研究结果表明中庸思维对于创业激情对组织创新与新创企业绩效作用的发挥具有促进作用。

5.6　理论贡献与实践意义

本研究的理论贡献有以下几点。第一,本研究扩展了非西方情境下的创业研究。现存的创业研究主要探索在美国以及欧洲的社会情境下的现象,却很少关注转型经济下的创业现象,特别是作为世界第二大经济体的中国的创业现象（Su et al., 2015）。创业领域最近的研究呼吁要在创业研究中考虑情境因素，特别是文化情境（Zahra and Wright，2011；Trettin and Welter，2011）。例如，韦尔特（Welter）（2011）指出文化情境对于理解创业现象非常重要，因为文化情境为创业者提供了创业行动的边界。本研究通过探索中国情境下创业者创业激情的影响机制，以及考虑中国创业者中庸思维的调节作用，响应了学者们的呼吁。我们的研究也拓展了创业者自身的情感与认知如何最终影响组织战略及绩效方面的研究。

第二，本研究拓展了目前创业领域对于情感的研究。创业者的创业激情是创业过程中的一个重要现象（Cardon et al.，2013）。现存的创业领域的研究主要探索创业激情对个体变量的影响，如投资者的投资决策（Chen et al.，2009；Mitteness et al.，2012）、员工的组织承诺与情感（Cardon，2008；Breugst et al.，2012）、创业者自身的能力与绩效（Ho and Pollack，2014）。很少有研究探索创业激情对组织层面变量的影响。因此学者呼吁更多实证研究去探索个人层面的创业激情怎样影响组织行为、战略以及绩效（Syed and Mueller，2015；Biraglia and Kadile，2016）。本研究响应了学者们的这一号召，探索了创业者激情对组织创新及组织绩效的影响。而且我们的研究结果也为创业激情对组织的积极影响提供了实证证据。

第三，我们的研究通过引入组织创新作为创业激情与组织绩效间关系的中介变量，推动了目前对激情的研究。学者们提出创业者自身特点（如创业激情和创业技能）对组织的影响过程是复杂的，呼吁去探索更多的中介变量（Baum and Locke，2004；Breugst et al.，2012；Ho and Pollack，2014）。虽然 Baum 等（2001）提出个人层面的变量与组织层面的变量都可能中介创业者自身特点与组织绩效之间的关系，但是现存的研究主要探索了个人层面的中介变量（如自我效能和目标设定）（Baum and Locke，2004；Ho and Pollack，2014）。目前还没有实证研究去探索组织层面的中介变量。我们的研究填补了这一空白，从而丰富了关于创业激情与组织绩效之间关系的研究。

第四，创业者中庸思维显著增强创业激情与组织创新间关系的强度，且显著增强创业激情与新创企业绩效间关系的强度。这一研究结果拓展了目前创业领域认知与情感交互的研究。具体来说，学者们提出情感对组织行为会产生重要的影响，这种关系受到个人认知思维的影响（Forgas and George，2001；Barsade and Gibson，2007；Baron，2008）。然而，目前还很少有实证研究探索情感与认知的交互。我们的研究就是丰富了这一方面的研究。另外，中庸思维调节效应的研究也响应了学者们关于探索创业者特点与组织产出间关系调节变量的呼吁（Hmieleski and Baron, 2009；Ahlin et al., 2014）。

第五，本研究发现创业者的创业激情能够提高组织创新，这一研究也扩展了创新方面的研究。虽然创新领域的研究已经越来越重视情感因素在组织创新中扮演的角色，但是大部分的研究停留在理论探讨的层面，很少有研究进行实证探索（Liu and Perrewe, 2005）。因此本研究丰富了创新领域的研究。

本研究的实践意义有以下几点。第一，我们的研究发现组织创新中介创业者创业激情与新创企业绩效之间的关系。这一研究发现说明创业者要发挥自己的创业激情对组织的积极作用时，可以投入更多的时间和精力去促进组织创新。创业者的激情是一种有限的情感资源。因此，创业者可以集中更多的注意力与能量在组织的创新策略以及组织创新行为上。

第二，我们的研究发现创业者的中庸思维能够加强创业者激情对组织创新以及新创企业绩效的影响。因此除了提升创业激情，创业者也应该提升自己的中庸思维。创业者可以参加儒学培训项目，例如孔子思想、阴阳思维等。这种儒家培训项目能够提升创业者全面多方位思考问题的能力，能够让他们更看重和谐，进而为了和谐而选取能够满足各方需求的行动方案。

第三，我们的研究不仅为创业者提出实践指导，还为其他群体，如创业教育培训机构、天使投资者以及风险资本提供实践指导。当风险投资者评估一个项目或新创企业是否值得投资时，创业者个人的创业激情可以作为一个筛选标准（Cardon et al., 2009b；Mitteness et al., 2012）。创业教育的培训项目也可以开发提升创业者创业激情的理论或实践课程，帮助创业者理解创业激情的重要作用，同时提高他们的创业激情。

第 *6* 章

研究结论与对策建议

本章节系统梳理本研究的研究结果,并系统总结了这些研究结论的理论贡献和实践意义。同时分析了本研究的不足之处,并指出未来需要进一步探索的研究问题。

6.1　研究结论

本研究基于高阶梯队理论、创业者认知与情感视角及认知与情感交互视角,并结合创业的资源视角、机会视角以及创新视角,探索了创业者中庸思维、创业者创业激情对新创企业组织行为以及绩效的影响。本研究既考虑了创业者对新创企业绩效影响的中介机制,也考虑了外部环境以及创业者个人资本的调节作用,还探索了创业激情与中庸思维交互作用对新创企业的影响。

本研究由三个子研究构成。研究一探索了创业者中庸思维对新创企业绩效的影响机制,基于资源视角,考察了组织关系网络的中介作用,以及环境动态性的调节作用。研究二考察了创业者创业激情对新创企业绩效的影响机制,基于机会视角,探索了组织机会获取的中介作用,以及创业者先前行业经验和社会资本的调节作用。研究三基于情感与认知交互视角以及创新视角,探索了组织创新在创业激情与新创企业绩效间的中介作用,同时考察了中庸思维对创业激情发挥作用过程中的调节作用,即创业激情与中庸思维交互作用对组织创新以及新创企业绩效的影响。基于上述的研究内容,本书的主要研究结论如下。

6.1.1　创业者中庸思维与新创企业绩效

研究一探索了创业者中庸思维对新创企业绩效的影响机制。研究一的回归分析结果显示,创业者中庸思维对新创企业绩效有显著正向的影响,对组织外部关系网络也有显著正向影响,且关系网络完全中介创业者中庸思维与新创企业绩效之间的关系。研究一还基于高阶梯队理论,研究了环境动态性对创业者中庸思维与关系网络之间关系的调节作用。数据结果显示技术动态性正向调节创业者中庸思维与关系网络之间的关系,即外部技术环境变化越快,创业者中庸思维对于关系网络构建与维护的作用更强。研究发现市场动态性负向调节创业者中庸思维与关系网络之间的关系,即市场动态性越低,创业者中庸思维在构建与维护关系网络方面的作用更大。此结论与我们的预期相反。

可能的原因是相比于技术动态性,市场动态性是一种系统风险,超越了企业内部可控性风险,是一种可控性及可管理性都难以掌控的风险(Beckman et al., 2004)。当新创企业面临高的市场动态性时,由于顾客偏好的变化可能会造成整个供应链的变化,从而大大增加了企业构建与维护关系网络的难度。因此,面临高的市场动态性的复杂环境时,即使创业者具有中庸思维,也难以有效构建与维护其关系网络。

6.1.2　创业者创业激情与新创企业绩效

研究二探索了创业者创业激情对新创企业绩效的影响机制。回归分析结果显示,创业者创业激情显著正向影响新创企业绩效,且显著影响组织的机会获取,而且机会获取完全中介创业者创业激情与新创企业绩效之间的关系。同时,创业者社会资本与先前行业经验显著调节创业者创业激情与组织机会获取之间的关系。当创业者拥有高水平的社会资本时,创业激情与机会获取间关系更显著,这与我们的预期相符。当创业者有先前行业经验时,创业激情对机会获取影响不显著;当创业者没有先前行业经验时,创业激情对机会获取是显著正向影响的。这与我们的预期假设不相符。

可能的原因是先前行业经验对创业激情具有替代作用。当创业者拥有与现新创企业行业相关的先前从业经验时,其就具有了这个行业相对较多的认知知识与结构,因此当面临外界信息时,能够根据自己的先前经验进行对信息的识别与判断,进而利用机会;也能根据自己之前在行业内积累的资源与渠道,帮助新创企业获得开发机会的资源。因此就没有必要去依赖创业激情发挥其识别与利用机会的作用。换句话说,当创业者有丰富的先前行业经验时,其更多的判断是基于自己的经验认知,而不是激情。

6.1.3 创业激情与中庸思维交互对新创企业的影响

研究三探索了创业激情与中庸思维交互作用对于新创企业绩效的影响。具体来说,研究基于创新视角探索了创业激情对于组织创新的作用,以及组织创新在创业激情与新创企业绩效间关系的中介作用。同时基于认知与情感交互视角,探索了创业激情与中庸思维交互作用对组织创新以及新创企业绩效的影响。回归研究结果显示,创业者的创业激情显著正向影响组织创新,并且组织创新完全中介创业激情与新创企业绩效之间的关系。同时创业激情与中庸思维交互作用显著正向影响组织创新与新创企业绩效。也就是说,当创业者的中庸思维处于高水平时,创业激情对组织创新以及新创企业绩效的作用都会增强。这些结果与我们的假设都一致。

6.2 理论意义 ▶····

6.2.1 丰富了新创企业绩效影响因素的研究

本书丰富了新创企业绩效影响因素的相关研究。之前的研究对新创企业绩效的影响因素探索较多,主要是从创业者、行业结构与环境、组织战略以及组织资源等角度出发(Chrisman et al., 1998)。创业者作为新创企业的创办者与管理者,对新创企业的战略、行为以及绩效有重要的影响。但是之前的研究主要是关注创业者个人特质对于新创企业成功的影响,而且研究结论并不一致,也就是说从创业者特质视角解读新创企业的成功并没有取得很好的效果(Mitchell et al., 2002, 2007)。因此,学者呼吁从创业者的其他角度,如认知和情感,去解读新创企业的成长过程(Mitchell et al., 2007;Baron, 2009)。本研究通过探索创业者的中庸思维以及创业激情对新创企业的绩效影响机制,证明了中庸思维和创业激情能够有效解释新创企业绩效的变化,也证明了从认知和情感视角探索新创企业绩效影响因素的可行性。因此本研究丰富了现有从创业者视角探索新创企业绩效影响因素的研究。同时,本书还基于高阶梯队理论,探索了创业者中庸思维及创业激情对于新创企业绩效影响的中介机制和调节机制,说明了创业者个人认知和情感通过影响组织战略决策和组织行为,进而影响组织绩效,进一步证明了高阶梯队理论在创业情境下的实用性。

6.2.2 拓展了创业领域关于认知的研究

本研究拓展了创业领域关于认知的研究。自从学者提出创业过程是一个认知过程,即创业者基于自己的认知去感知环境,并做出决策、采取行动以应对环境中存在的机会(Mitchell et al., 2002;Krueger and Day, 2010),创业者的认知就受到了广泛的关注。目前关于创业者的认知主要集中在自我效能、认知偏误、乐观性、盲目自信、启发式认知风格等对于创业的影响(Hmieleski and Corbett, 2008;Simon et al., 2000;Hmieleski and Baron, 2009;Koellinger et al., 2007;Sadler-Smith, 2004),但是较少探索在不同文化情境下认知对创业行为的影响。Nisbett 等(2001)已经指出认知风格受到文化的影响,因此不同区域文化下的人们具有差异化的认知风格。克鲁格(Krueger)等(2013)指出创业活动发生在具体的文化情境中,因此在研究创业的过程中,要考虑不同文化价值观下所形成的不同认知。本研究探索创业者中庸思维,这种受儒家文化影响而形成的关注全局、注重和谐的认知方式,是如何影响在不确定环境及有限自愿情况下新创企业的生存与成长。因此,本研究丰富了现有创业领域的认知研究,将认知研究扩展到不同文化情境中去。另外,本书实证证明了外部环境动态性影响创业者中庸思维作用的发挥,说明了在考虑认知因素对创业过程的影响时,需要考虑外部环境因素的影响。因此,本书通过探索创业者认知与外部环境交互而拓展了现有创业认知研究。

6.2.3 丰富了创业领域关于情感的研究

本书丰富了创业领域关于情感的研究。以往对于创业的研究基本都处于创业是创业者理性选择的结果,很少从"非理性"的情感角度去探索创业问题(Baron, 2008)。近几年学者们指出创业过程不仅仅是一个理性过程,也是一个情感参与全程的"非理性"情感过程（Cardon et al., 2009a）。学者们纷纷开始关注情感,特别是创业激情这种积极的创业情感对于创业的影响。但是目前对创业激情的研究多是探索其对创业者个人认知、行为以及决策的影响,还有对投资人和员工的影响,而很少探索创业激情对于组织战略、行为以及绩效的影响（Syed and Mueller, 2015；Drnovsek et al., 2016）。本书通过探索创业激情对于新创企业绩效以及组织机会获取和组织创新的影响,响应了学者们关于探索创业激情对组织的影响机制的号召,丰富了现有创业激情的研究。另外,情感视角是一个处于发展期的创业研究视角,虽然之前学者均提出情感会影响机会识别与开发（Baron, 2008）,影响组织创新（Baron and Tang, 2011）,但是现有的实证研究还很少。本研究实证检验了创业激情对于促进机会获取以及组织创新的重要作用,进一步拓展了创业领域的情感研究。

此外,本研究还探索了创业者人力资本和社会资本对创业激情发挥作用过程中的调节作用,证明了社会资本能够促进创业激情对机会获取的促进作用。因此,本研究通过结合创业者激情与创业者个人资本,进一步拓展了创业激情的研究。同时,本研究通过探索创业者创业激情与中庸思维交互对于组织创新和新创企业绩效的影响机制,拓展了创业领域认知与情感交互的研究。创业既是一个认知过程,也是一个情感过程,因此学者指出情感和认知交互影响着创业过程中的各个阶段（Baron, 2008；Michl et al., 2009）,但是这方面的实证研究还非常少。本研究通过探索中庸思维对于创业激情对组织创新以及对新创企业绩效间关系的调节作用,响应了学者的这一号召,丰富了创业领域关于认知与情感交互的研究。

6.2.4 深化了创业领域的文化情境研究

本书通过以中国新创企业为研究样本,探索了创业者中庸思维对于新创企业战略、行为以及绩效的直接影响与调节作用,深化了创业领域的文化情境研究。目前创业领域的研究多集中在西方发达国家经济及文化背景下,而忽略了广大的发展中国家,特别是作为世界第二大经济体的中国（Krueger et al. 2013；Su et al., 2015）。本书则基于中国传统文化价值观视角,研究了中国新创企业的绩效影响因素,证明了源于中国传统儒家文化的中庸思维对于新创企业绩效具有正向影响,同时还发现中庸思维能够强化创业激情在新创企业中对于创新与绩效的作用。此研究结果不仅深化了对中国创业问题的研究,还将创业的研究情境拓展到非西方文化下的转型发展中的中国。

6.3　实践意义

　　本书的研究结果有助于从创业者角度理解新创企业绩效的提升机制,能够为创业者提升新创企业竞争优势,为投资者筛选有潜力的新创企业,为政府或民间运营的各种创业培训机构或孵化器提供实践指导。

　　第一,本研究结果表明创业者的中庸思维和创业激情对新创企业绩效均有显著正向的影响。一方面,在重视关系的中国社会,创业者可以通过提高自己的中庸思维,以顾全大局和和谐为主的方式处理组织外的关系,从而构建并维护能够帮助新创企业获取资源的关系网络,进而帮助提升组织绩效。另一方面,在充满机遇且鼓励创业创新的中国商业社会环境中,创业者的创业激情能够帮助新创企业识别机会,促进创新。因此可以通过提升创业者自身的中庸思维或者创业激情以帮助新创企业的生存与成长。中庸思维作为一种儒家文化下的思维方式,创业者可以通过参与相关的国学培训或儒学培训加以训练和提升。根据现有的研究,创业激情也可以通过参与相关的活动进行提升。例如,通过投入更多的创业努力,创业者可以提升创业激情(Foo et al., 2009)。创业激情本身包含对创业者的身份认同,因此通过参加创业活动来实现创业者的身份认同也有助于提升创业激情(Cardon et al., 2009a)。另外,政府或商业运营的创业孵化器,也可以为创业园区的创业者设立相关课程去提高创业者的中庸思维与创业激情。

　　第二,中庸思维作用的发挥受到环境动态性的影响,因此当创业者在考虑是否提升自身中庸思维的过程中,还需要考虑到企业所处的行业环境。若行业环境的技术变化比较大时,创业者可以大大提升其中庸思维,充分发挥中庸思维获取资源与信息的作用;而当行业环境的市场变化较大时,中庸思维对关系构建与维护的作用并不强,因此当创业者处于这种市场变化快的行业时,创业者提升中庸思维的必要性并不强。另外,相关的创业及管理培训机构,也要根据创业者所在企业的具体行业环境情况,对创业者进行针对性的培训。

第三，创业激情通过影响机会获取以及组织创新，进而影响新创企业绩效。因此创业者要充分发挥其自身创业激情对机会获取以及创新的影响，多将自己创业激情所带来的精力投入机会识别与利用和创新中，创业激情才能更好地转化为新创企业的绩效。投资者也可以将创业者激情作为评估一个新创企业发展潜力的指标（Chen et al., 2009），因为我们的研究表明创业激情有助于提高机会获取、组织创新以及组织绩效。

第四，创业者的社会资本和中庸思维能够强化创业激情的作用，所以对创业者来说，在提高创业激情的同时，也需要花费一定的时间和精力去提升自己的社会网络关系；同时也可以通过提高自己的中庸思维，通过发挥中庸思维对信息的整合能力以及和谐关系的维护能力，去促进创业激情对组织创新和组织绩效的积极作用。另外，因为当创业者既具有创业激情，又具有丰富的社会网络关系时，新创企业获取机会的能力越强；当具有高的中庸思维时，创业者创业激情对于组织创新及组织绩效的关系作用更强。所以对于投资者来说，在进行投资决策评估过程中，不单要考察创业者的创业激情，还要适当评估创业者的社会资本和中庸思维。

6.4　研究局限和未来研究方向　▶ ⋯⋯ ⋯⋯⋯⋯⋯⋯⋯⋯⋯⋯⋯⋯⋯⋯⋯⋯⋯⋯

第一，本研究因为其截面研究，研究结果无法得出因果关系。因此未来的研究可以采用纵向研究的方法去探索本研究模型中变量间的因果关系。另外，本研究通过与当地的经信委合作发放问卷，属于方便抽样，而并没有完全进行随机抽样。而且本书的样本量相对较小。未来研究可以采用更大范围的随机调研，且提高样本数量。

第二，现在的研究对象是新创的中小企业，因此本书的研究结论的推广性受到了限制。以前的研究表明在新创企业或中小企业中，创业者个人的特点对组织的影响较大，而在成熟的大企业中，创业者对组织的影响相对较弱（Finkelstein and Hambrick, 1996）。在新创企业中，创业者具有较大的管理幅度，他们决定新创企业的目标、战略，影响着组织的氛围（Ensley et al., 2006）。然而成熟的大企业有成熟的组织过程及结构，使得管理者对组织的影响减弱(Ensley et al., 2006)。因此,未来的研究可以在成熟的大企业中调研目前的模型,去检验结果是否会有差异。

第三,本书基于高阶梯队理论,从关系视角探索了关系网络在中庸思维与新创企业绩效间关系的中介作用,从机会视角和创新视角探索了机会获取和组织创新在创业激情与新创企业绩效间关系中的中介作用。未来还可以从组织学习视角去探索创业者对绩效影响的中介机制,例如,组织探索式学习和利用式学习的中介作用。另外,本研究已经探索创业激情对机会获取以及组织创新的作用,未来研究也可以打开其维度去探索创业激情对不同种类机会获取和组织创新的差别。例如,机会获取可以分为创新型机会获取和均衡型机会获取(陈海涛和于晓宇,2011),组织创新可以分为激进式创新和渐进式创新(Ritala and Hurmelinna-Laukkanen,2013),创业激情对创新型机会获取的作用可能更强,对激进式创新的作用可能强于对渐进式创新的作用。

第四,本研究仅从环境视角和创业者个人视角探索了环境动态性、创业者人力资本、社会资本和中庸思维的调节作用,未来研究还可以考虑更多的调节变量,如资源视角的调节变量。因为无论是中庸思维还是创业激情对新创企业成长发挥作用,都离不开资源的配合。对于企业来说,没有资源,何谈发展。因此未来研究可以探索在不同的组织资源或创业者个人资源情况下,中庸思维和创业激情的作用机制是否会发生变化。另外,未来研究还可以基于认知和情感交互视角,探索其他创业认知对创业激情作用发挥过程的调节作用,例如创业者的调节焦点(regulatory focus),促进型焦点可能会强化创业激情对于新创企业的影响,而预防型焦点可能会弱化这一影响。

第五,本研究虽然同时考虑了创业过程中的情感和认知视角,探索了中庸思维和创业激情对新创企业绩效的影响,但是并没有探讨在创业过程中,情感和认知哪个发挥的作用更强。未来可以考虑研究在不同的创业阶段中、不同资源环境下、不同战略定位下,认知和情感对创业成功的影响孰轻孰重、交互机制如何。另外,中庸思维对创新的作用,无论是个人创新还是组织创新,到底是促进还是抑制,其对个人和组织创新的影响机制是否存在差异,还需要进一步的探索。

参考文献 REFERENCES

Adomako S, Danso A, Uddin M, et al, 2016. Entrepreneurs' optimism, cognitive style and persistence. International Journal of Entrepreneurial Behavior & Research (1).

Ahlin B, Drnovšek M, Hisrich R D, 2014. Entrepreneurs' creativity and firm innovation: the moderating role of entrepreneurial self-efficacy. Small Business Economics(1).

Aiken L S, West S G, 1991. Multiple regression: Testing and interpreting interactions. Newbury Park, CA: Sage Publications.

Alsos G A, Clausen T H, Hytti U, et al, 2016. Entrepreneurs' social identity and the preference of causal and effectual behaviours in start-up processes. Entrepreneurship & Regional Development (3-4).

Alvarez S A, Busenitz L. W, 2001. The entrepreneurship of resource-based theory. Journal of management (6).

Alvarez S A, Barney J B, 2002. Resource-based theory and the entrepreneurial firm. Strategic entrepreneurship: Creating a new mindset, Blackwell: Oxford.

Amabile T M, 1998. How to kill creativity . Boston, MA: Harvard Business School Publishing.

Amason A C, Shrader R C, Tompson G H, 2006. Newness and novelty: Relating top management team composition to new venture performance. Journal of Business Venturing (1).

Armstrong S J, Cools E, Sadler - Smith E, 2012. Role of cognitive styles in business and management: Reviewing 40 years of research. International Journal of Management Reviews(3).

Armstrong S J, Hird A, 2009. Cognitive style and entrepreneurial drive of new and mature business owner-managers. Journal of Business and Psychology(4).

Ardichvili A, Cardozo R, Ray S, 2003. A theory of entrepreneurial opportunity identification and development. Journal of Business venturing (1).

Ashby F G, Isen A M, 1999. A neuropsychological theory of positive affect and its influence on cognition. Psychological Review (3).

Auh S, Menguc B, 2005. The influence of top management team functional diversity on strategic orientations: The moderating role of environmental turbulence and inter-functional coordination. International Journal of Research in Marketing (3).

Barney J B, 1986. Organizational culture: can it be a source of sustained competitive advantage? Academy of management review (3).

Barney J B, 1991. Firm resources and sustained competitive advantage. Journal of management (1).

Barney J B, Wright M, Ketchen D J, 2001. The resource-based view of the firm: Ten years after 1991. Journal of Management (6).

Baron R A, 1998. Cognitive mechanisms in entrepreneurship: Why and when entrepreneurs think differently than other people. Journal of Business venturing (4).

Baron R A, 2000. Counterfactual thinking and venture formation: The potential effects of thinking about "what might have been". Journal of business venturing (1).

Baron R A, 2006. Opportunity recognition as pattern recognition: How entrepreneurs "connect the dots" to identify new business opportunities. Academy of Management Perspectives (1).

Baron R A, 2008. The role of affect in the entrepreneurial process. Academy of management Review (2).

BaronR A, Tang J, 2009. Entrepreneurs' Social Skills and New Venture Performance: Mediating Mechanisms and Cultural Generality. Journal of Management (2).

Baron R A, Markman G D, 2003. Beyond social capital: The role of entrepreneurs' social competence in their financial success. Journal of Business Venturing (1).

Baron R A, Tang J, 2011. The role of entrepreneurs in firm-level innovation: Joint effects of positive affect, creativity, and environmental dynamism. Journal of Business Venturing (1).

Baron R A, Tang J, Hmieleski K M, 2011. The downside of being "up": entrepreneurs' dispositional positive affect and firm performance. Strategic Entrepreneurship Journal(2).

Baron R A, Hmieleski K M, Henry R A, 2012. Entrepreneurs' dispositional positive affect: The potential benefits – and potential costs – of being "up". Journal of Business Venturing (3).

Barsade S G,2002. The ripple effect: Emotional contagion and its influence on group behavior. Administrative Science Quarterly (4).

Barsade S G, Gibson D E, 2007. Why does affect matter in organizations? Academy of Management Perspectives (1).

Batjargal B, 2003. Social capital and entrepreneurial performance in Russia: A longitudinal study. Organization studies (4).

Batjargal B, 2007. Internet entrepreneurship: Social capital, human capital, and performance of Internet ventures in China. Research Policy (5).

Baum J R, Locke E A, 2004. The relationship of entrepreneurial traits, skill, and motivation to subsequent venture growth. Journal of Applied Psychology (4).

Baum J R, Locke E A, Smith K G, 2001. A multidimensional model of venture growth. Academy of Management Journal (2).

Barringer B R, Jones F F, Neubaum D O, 2005. A quantitative content analysis of the characteristics of rapid-growth firms and their founders. Journal of business venturing (5).

Beckman C M, Haunschild P R, Phillips D J, 2004. Friends or strangers? Firm-specific uncertainty, market uncertainty, and network partner selection. Organization science (3).

Bhagavatula S, Elfring T, Van Tilburg A, et al, 2010. How social and human capital influence opportunity recognition and resource mobilization in India's handloom industry. Journal of Business Venturing (3).

Biggadike E, 1976. Corporate diversification: Entry strategy and performance. Harvard University Press, Cambridge MA.

Biraglia A, Kadile, V, 2016. The Role of Entrepreneurial Passion and Creativity in Developing Entrepreneurial Intentions: Insights from American Homebrewers. Journal of Small Business Management (1).

Bluedorn A C, Johnson R. A, Cartwright D K, et al, 1994. The interface and convergence of the strategic management and organizational environment domains. Journal of Management(2).

Brislin R W, 1980. Translation and content analysis of oral and written material. Handbook of Cross-cultural Psychology (2).

Breugst N, Domurath A, Patzelt H, et al, 2012. Perceptions of entrepreneurial passion and employees' commitment to entrepreneurial ventures. Entrepreneurship Theory and Practice (1).

Brush C G, Vanderwerf P A, 1992. A comparison of methods and sources for obtaining estimates of new venture performance. Journal of Business venturing (2).

Busenitz L W, Lau C M, 1996. A cross-cultural cognitive model of new venture creation. Entrepreneurship: Theory and Practice (4).

Busenitz L W, Barney J B, 1997. Differences between entrepreneurs and managers in large organizations: Biases and heuristics in strategic decision-making. Journal of business venturing (1).

Calantone R J, Cavusgil S T, Zhao Y, 2002. Learning orientation, firm innovation capability, and firm performance. Industrial Marketing Management (6).

Calantone R, Garcia R, Dröge C, 2003. The effects of environmental turbulence on new product development strategy planning. Journal of Product Innovation Management (2).

Cardon M S, 2008. Is passion contagious? The transference of entrepreneurial passion to employees. Human Resource Management Review (2).

Cardon M S, Sudek R, Mitteness C, 2009b. The impact of perceived entrepreneurial passion on angel investing. Frontiers of Entrepreneurship Research (2).

Cardon M S, Wincent J, Singh J, et al, 2009a. The nature and experience of entrepreneurial passion. Academy of Management Review (3).

Cardon M S, Gregoire D A, Stevens C E, et al, 2013. Measuring entrepreneurial passion: Conceptual foundations and scale validation. Journal of Business Venturing (3).

Cardon M S, Kirk C P, 2015. Entrepreneurial passion as mediator of the self-efficacy to persistence relationship. Entrepreneurship theory and practice (5).

Cassar G, 2014. Industry and startup experience on entrepreneur forecast performance in new firms. Journal of Business Venturing (1).

Chandler G N, Jansen E, 1992. The founder's self-assessed competence and venture performance. Journal of Business venturing (3).

Chandler G N, Hanks S H, 1993. Measuring the performance of emerging businesses: A validation study. Journal of Business venturing (5).

Chang T Y, Yang C T,2014. Individual differences in Zhong-Yong tendency and processing capacity. Frontiers in psychology (5).

Chen C J, 2009. Technology commercialization, incubator and venture capital, and new venture performance . Journal of Business Research (1).

Chen X P, Yao X, Kotha S, 2009. Entrepreneur passion and preparedness in business plan presentations: a persuasion analysis of venture capitalists' funding decisions. Academy of Management Journal (1).

Chen M H, Chang Y Y, Lo Y H, 2015. Creativity cognitive style, conflict, and career success for creative entrepreneurs. Journal of Business Research (4).

Chen M J, Miller D, 2010. West meets East: Toward an ambicultural approach to management. The Academy of Management Perspectives (4).

Chen M J, Miller D, 2011. The relational perspective as a business mindset: Managerial implications for East and West. The Academy of Management Perspectives (3).

Chen M J, 2002. Transcending paradox: The Chinese "middle way" perspective. Asia Pacific Journal of Management (2).

Chen T, Leung K, Li F, et al, 2015. Interpersonal harmony and creativity in China. Journal of Organizational Behavior (5).

Cheng C, 2009. Dialectical thinking and coping flexibility: A multimethod approach. Journal of personality (2).

Chin T, 2014. Harmony as means to enhance affective commitment in a Chinese organization. Cross Cultural Management (3).

Chrisman J J, Bauerschmidt A, Hofer C W, 1998. The determinants of new venture performance: An extended model. Entrepreneurship Theory and Practice (22).

Chou L F, Chu C C, Yeh H C, et al, 2014. Work stress and employee well-being: The critical role of Zhong-Yong. Asian Journal of Social Psychology (2).

Chuang T T, Nakatani K, Zhou D N, 2009. An exploratory study of the extent of information technology adoption in SMEs: an application of upper echelon theory. Journal of Enterprise Information Management (1/2).

Cope J, Jack S, Rose M B, 2007. Social capital and entrepreneurship: An introduction. International Small Business Journal (3).

Cooper A C, Gimeno-Gascon F J, Woo C Y, 1994. Initial human and financial capital as predictors of new venture performance. Journal of business venturing (5).

Covin J G, Slevin D P, 1989. Strategic management of small firms in hostile and benign environments. Strategic Management Journal (1).

Covin J G, Slevin D P, 1991. A conceptual model of entrepreneurship as firm behavior. Entrepreneurship theory and practice (1).

Crook T R, Todd S Y, Combs J G, et al, 2011. Does human capital matter? A meta-analysis of the relationship between human capital and firm performance. Journal of Applied Psychology (3).

Davidsson P, Honig B, 2003. The role of social and human capital among nascent entrepreneurs. Journal of business venturing, (3).

Davis B C, Hmieleski K M, Webb J W, et al, 2017. Funders' positive affective reactions to entrepreneurs' crowdfunding pitches: The influence of perceived product creativity and entrepreneurial passion. Journal of Business Venturing (1).

De Carolis D M, Saparito P, 2006. Social capital, cognition, and entrepreneurial opportunities: A theoretical framework. Entrepreneurship theory and practice (1).

De Clercq D, Honig B, Martin B, 2012. The roles of learning orientation and passion for work in the formation of entrepreneurial intention. International Small Business Journal (6).

Delgado‑García J B, La Fuente‑Sabaté D, Manuel J, 2010. How do CEO emotions matter? Impact of CEO affective traits on strategic and performance conformity in the Spanish banking industry. Strategic Management Journal (5).

Delmar F, Shane S, 2004. Legitimating first: Organizing activities and the survival of new ventures. Journal of Business Venturing (3).

Dess G G, Robinson R B, 1984. Measuring organizational performance in the absence of objective measures: the case of the privately‑held firm and conglomerate business unit. Strategic management journal (3).

Dess G G, Lumpkin G T, 2005. The role of entrepreneurial orientation in stimulating effective corporate entrepreneurship. The Academy of Management Executive (1).

De Tienne D R., Chandler G N, 2007. The role of gender in opportunity identification. Entrepreneurship theory and practice (3).

De Jong A, Song M, Song L Z, 2013. How lead founder personality affects new venture performance the mediating role of team conflict. Journal of Management (7).

Doyle W, Fisher R, Young J D, 2002. Entrepreneurs: relationships between cognitive style and entrepreneurial drive. Journal of Small Business & Entrepreneurship (2).

Drnovsek M, Cardon M S, Patel P C, 2016. Direct and Indirect Effects of Passion on Growing Technology Ventures. Strategic Entrepreneurship Journal (2).

Drnovsek M, Cardon M S, Murnieks C Y, 2009. Collective passion in entrepreneurial teams. Understanding the entrepreneurial mind: Opening the Black Box. New York: Springer.

Droge C, Calantone R., Harmancioglu N, 2008. New product success: is it really controllable by managers in highly turbulent environments? Journal of Product Innovation Management (3).

Eckhardt J T, Shane S A, 2003. Opportunities and entrepreneurship. Journal of management (3).

Edwards J R, Lambert L S, 2007. Methods for integrating moderation and mediation: a general analytical framework using moderated path analysis. Psychological methods (1).

Ensley M D, Pearce C L, 2001. Shared cognition in top management teams: Implications for new venture performance. Journal of Organizational Behavior (2).

Ensley M D, Pearson A W, Amason A C, 2002. Understanding the dynamics of new venture top management teams: cohesion, conflict, and new venture performance. Journal of Business Venturing (4).

Ensley M D, Pearson A, Pearce C L, 2003. Top management team process, shared leadership, and new venture performance: A theoretical model and research agenda. Human Resource Management Review (2).

Ensley M D, Pearce C L, Hmieleski K M, 2006. The moderating effect of environmental dynamism on the relationship between entrepreneur leadership behavior and new venture performance. Journal of Business Venturing (2).

Fang T, Faure G O, 2011. Chinese communication characteristics: A Yin Yang perspective. International Journal of Intercultural Relations (3).

Finkelstein S, Hambrick D C, 1996. Strategic Leadership: Top Executives and Their Effects on Organizations. Minneapolis/St. Paul, MN: West.

Foo M D, 2011. Emotions and entrepreneurial opportunity evaluation. Entrepreneurship Theory and Practice (2).

Foo M D, Uy M A, Baron R A, 2009. How do feelings influence effort? An empirical study of entrepreneurs' affect and venture effort. Journal of Applied Psychology (4).

Forgas J P, 1995. Mood and judgment: the affect infusion model (AIM). Psychological Bulletin (1).

Forgas J P, George J M, 2001. Affective influences on judgments and behavior in organizations: An information processing perspective. Organizational

Behavior and Human Decision Processes (1).

Fornoni M, Arribas I, Vila J E, 2012. An entrepreneur's social capital and performance: The role of access to information in the Argentinean case. Journal of Organizational Change Management (5).

Foss N J, Lyngsie J, Zahra S A, 2013. The role of external knowledge sources and organizational design in the process of opportunity exploitation. Strategic Management Journal (12).

Freeman J H, Carroll G R, Hannan M T, 1983. The liability of newness: Age dependence in organizational death rates. American sociological review (5).

Galasso A, Simcoe T S, 2011. CEO overconfidence and innovation. Management Science (8).

Gaglio C M, 2004. The role of mental simulations and counterfactual thinking in the opportunity identification process. Entrepreneurship Theory and Practice (6).

García-Morales V J, Jiménez-Barrionuevo M M, Gutiérrez-Gutiérrez L, 2012. Transformational leadership influence on organizational performance through organizational learning and innovation. Journal of Business Research (7).

Gao S, Xu K, Yang J, 2008. Managerial ties, absorptive capacity, and innovation. Asia Pacific Journal of Management (3).

Gielnik M M, Frese M, Graf J M, et al, 2012. Creativity in the opportunity identification process and the moderating effect of diversity of information. Journal of Business Venturing (5).

Gielnik M M, Spitzmuller M, Schmitt A, et al, 2015. I Put in Effort, Therefore I Am Passionate: Investigating the Path from Effort to Passion in Entrepreneurship. Academy of Management Journal (4).

Gilbert B A, McDougall P P, Audretsch D B, 2006. New venture growth: A review and extension. Journal of management (6).

Glazer R, Weiss A M, 1993. Marketing in turbulent environments: decision processes and the time-sensitivity of information. Journal of Marketing Research (4).

Goel S, Voordeckers W, Van Gils A, et al, 2013. CEO's empathy and salience of socioemotional wealth in family SMEs—The moderating role of external directors. Entrepreneurship & Regional Development (3-4).

Grégoire D A, Corbett A C, McMullen J S, 2011. The cognitive perspective in entrepreneurship: An agenda for future research. Journal of Management Studies (6).

Gronum S, Verreynne M L, Kastelle T, 2012. The Role of Networks in Small and Medium-Sized Enterprise Innovation and Firm Performance. Journal of Small Business Management (2).

Guo C, Miller J K, 2010. Guanxi dynamics and entrepreneurial firm creation and development in China. Management and Organization Review (2).

Guo H, Tang J, Su Z, 2014. To be different, or to be the same? The interactive effect of organizational regulatory legitimacy and entrepreneurial orientation on new venture performance. Asia Pacific Journal of Management (3).

Gumusluoglu L, Ilsev A, 2009. Transformational leadership, creativity, and organizational innovation. Journal of Business Research (4).

Haber S, Reichel A, 2007. The cumulative nature of the entrepreneurial process: The contribution of human capital, planning and environment resources to small venture performance. Journal of Business Venturing, (1).

Haleblian J, Finkelstein S, 1993. Top management team size, CEO dominance, and firm performance: The moderating roles of environmental turbulence and discretion. Academy of Management journal (4).

Hambrick D C, Mason P A, 1984. Upper echelons: The organization as a reflection of its top managers. Academy of Management Review (2).

Hambrick D C, Finkelstein S, 1987. Managerial discretion: A bridge between polar views of organizational outcomes. Staw B, Cummings LL (eds). JAI Press: Greenwich, CT.

Hambrick D C, 2007. Upper echelons theory: An update. Academy of Management Review (2).

Harrison D A, McLaughlin M E, Coalter T M, 1996. Context, cognition, and common method variance: Psychometric and verbal protocol evidence. Organizational Behavior and Human Decision Processes (3).

Hechavarria D M, Reynolds P D, 2009. Cultural norms & business start-ups:

the impact of national values on opportunity and necessity entrepreneurs. International Entrepreneurship and Management Journal (4).

Herron L, Robinson R B, 1993. A structural model of the effects of entrepreneurial characteristics on venture performance. Journal of Business Venturing (3).

Hills G E, Lumpkin G T, Singh R P, 1997. Opportunity recognition: Perceptions and behaviors of entrepreneurs. Frontiers of entrepreneurship research (4).

Hmieleski K M, Baron R A, 2009. Entrepreneurs' optimism and new venture performance: A social cognitive perspective. Academy of management Journal (3).

Hmieleski K M, Ensley M D, 2007. A contextual examination of new venture performance: entrepreneur leadership behavior, top management team heterogeneity, and environmental dynamism. Journal of Organizational Behavior (7).

Hmieleski K M, Corbett A C, 2008. The contrasting interaction effects of improvisational behavior with entrepreneurial self-efficacy on new venture performance and entrepreneur work satisfaction. Journal of business venturing (4).

Hmieleski K M, Cole M S, Baron R A, 2012. Shared authentic leadership and new venture performance. Journal of Management (5).

Ho V T, Pollack J M, 2014. Passion Isn't Always a Good Thing: Examining Entrepreneurs' Network Centrality and Financial Performance with a Dualistic Model of Passion. Journal of Management Studies (3).

Hofstede G, 2001. Culture's consequences: Comparing values, behaviors, institutions and organizations across nations. Thousand Oaks, CA: Sage.

Hsiao Y C, Chen C J, Guo R S, et al, 2015. First-mover strategy, resource capacity alignment, and new product performance: a framework for mediation and moderation effects. R&D Management (1).

Hung K P, Chou C, 2013. The impact of open innovation on firm performance: The moderating effects of internal R&D and environmental turbulence. Technovation (10).

Ireland R D, Webb J W, 2007. Strategic entrepreneurship: Creating competitive advantage through streams of innovation. Business Horizons (1).

Isen A M, 2001. An influence of positive affect on decision making in complex situations: Theoretical issues with practical implications. Journal of consumer psychology (2).

Isen A M, 2002. Missing in action in the AIM: Positive affect's facilitation of cognitive flexibility, innovation, and problem solving. Psychological Inquiry (1).

Ip P K, 2009. Is Confucianism good for business ethics in China? Journal of Business Ethics (3).

Jansen J J, Vera D, Crossan M, 2009. Strategic leadership for exploration and exploitation: The moderating role of environmental dynamism. The Leadership Quarterly (1).

Jaworski B J, Kohli A K, 1993. Market orientation: antecedents and consequences. The Journal of marketing (3).

Jennings J E, Edwards T, Jennings P D, et al, 2015. Emotional arousal and entrepreneurial outcomes: Combining qualitative methods to elaborate theory. Journal of Business Venturing (1).

Ji L, Lee A, Guo T, 2010. The thinking styles of Chinese people. The Oxford Handbook of Chinese Psychology, USA: Oxford University Press.

Kandemir D, Yaprak A, Cavusgil S T, 2006. Alliance orientation: conceptualization, measurement, and impact on market performance. Journal of the Academy of Marketing Science (3).

Katz J, Gartner W B, 1988. Properties of emerging organizations. Academy of management review (3).

Kohli A K, Jaworski B J, 1990. Market orientation: the construct, research propositions, and managerial implications. The Journal of Marketing (2).

Kickul J, Gundry L K, Barbosa S D, et al, 2009. Intuition versus Analysis? Testing Differential Models of Cognitive Style on Entrepreneurial Self-Efficacy and the New Venture Creation Process. Entrepreneurship Theory and Practice (2).

Kirzner I M, 1997. Entrepreneurial discovery and the competitive market process: An Austrian approach. Journal of economic Literature (1).

Koellinger P, Minniti M, Schade C, 2007. "I think I can, I think I can":

Overconfidence and entrepreneurial behavior. Journal of economic psychology (4).

Krueger Jr N F, 2003. The cognitive psychology of entrepreneurship. Handbook of entrepreneurship research. Springer US.

Krueger Jr N F, Day M, 2010. Looking forward, looking backward: From entrepreneurial cognition to neuroentrepreneurship. Handbook of entrepreneurship research. Springer New York.

Krueger N, Liñán F, Nabi G, 2013. Cultural values and entrepreneurship. Entrepreneurship & Regional Development (9-10).

Li-Hua R, Lu L, 2014. MBA at the cross road: Integrating Western management with Eastern philosophy. Journal of Management History (3).

Li J, Tang Y, 2010. CEO hubris and firm risk taking in China: The moderating role of managerial discretion. Academy of management Journal (1).

Li H, Atuahene-Gima K, 2001. Product innovation strategy and the performance of new technology ventures in China. Academy of Management Journal (6).

Li H, Zhang Y, 2007. The role of managers political networking and functional experience in new venture performance: Evidence from Chinas transition economy. Strategic Management Journal (8).

Li Y, Chen H, Liu Y, et al, 2014. Managerial ties, organizational learning, and opportunity capture: A social capital perspective. Asia Pacific Journal of Management (1).

Li P P, 2016. Global implications of the indigenous epistemological system from the east: How to apply Yin-Yang balancing to paradox management. Cross Cultural & Strategic Management (1).

Lichtenthaler U, 2009. Absorptive capacity, environmental turbulence, and the complementarity of organizational learning processes. Academy of Management Journal (4).

Lin C, Lin P, Song F M, et al, 2011. Managerial incentives, CEO characteristics and corporate innovation in China's private sector. Journal of Comparative Economics (2).

Liu Y, Perrewe P L, 2005. Another look at the role of emotion in the organizational change: A process model. Human Resource Management Review (4).

Lynskey M J, Yonekura S, 2002. Entrepreneurship and organization: the role of the entrepreneur in organizational innovation. Oxford University Press.

Lockyer J, McCabe D, 2010. Leading through fear: Emotion, rationality and innovation in a UK manufacturing company. European Journal of International Management (1).

Lu Y, Au K, Peng M W, et al, 2013. Strategic management in private and family businesses. Asia Pacific Journal of Management (3).

Lubatkin M H, Simsek Z, Ling Y, et al, 2006. Ambidexterity and performance in small-to medium-sized firms: The pivotal role of top management team behavioral integration. Journal of management (5).

Lumpkin G T, Dess G G, 1996. Clarifying the entrepreneurial orientation construct and linking it to performance. Academy of Management Review (1).

Lumpkin G T, Lichtenstein B B, 2005. The role of organizational learning in the opportunity-recognition process. Entrepreneurship theory and practice (4).

Luo Y, 1997. Guanxi: Principles, philosophies, and implications. Human systems management (1).

Luo Y, Huang Y, Wang S L, 2012. Guanxi and Organizational Performance: A Meta-Analysis. Management and Organization Review (1).

Ma C P, Gu J B, Liu H F, 2017. Entrepreneurs' passion and new venture performance in China. International Entrepreneurship and Management Journal (4).

Makri M, Scandura T A, 2010. Exploring the effects of creative CEO leadership on innovation in high-technology firms. The Leadership Quarterly (1).

Marvel M R, Lumpkin G T, 2007. Technology entrepreneurs' human capital and its effects on innovation radicalness. Entrepreneurship Theory and Practice (6).

McDougall P P, Oviatt B M, 1996. New venture internationalization, strategic change, and performance: A follow-up study. Journal of business venturing (1).

McGee J E, Dowling M J, Megginson W L, 1995. Cooperative strategy and new venture performance: The role of business strategy and management experience. Strategic management journal (7).

Michl T, Welpe I M, Spörrle M, et al, 2009. The role of emotions and cognitions in entrepreneurial decision-making. Understanding the Entrepreneurial Mind: Opening the Black Box. New York: Springer.

Miller C C, Burke L M, Glick W H, 1998. Cognitive diversity among upper-echelon executives: Implications for strategic decision processes. Strategic Management Journal (1).

Miller K D, 2007. Risk and rationality in entrepreneurial processes. Strategic Entrepreneurship Journal (1-1).

Mitchell R K, Smith B, Seawright K W, et al, 2000. Cross-cultural cognitions and the venture creation decision. Academy of management Journal (5).

Mitchell R K, Busenitz L W, Lant T, et al, 2002. Toward a theory of entrepreneurial cognition: Rethinking the people side of entrepreneurship research. Entrepreneurship theory and practice (2).

Mitchell R K, Busenitz LW, Lant T, et al, 2004. The distinctive and inclusive domain of entrepreneurial cognition research. Entrepreneurship Theory and Practice (6).

Mitchell R K, Busenitz L W, Bird B, et al, 2007. The central question in entrepreneurial cognition research. Entrepreneurship theory and practice (1).

Mitteness C, Sudek R, Cardon M S, 2012. Angel investor characteristics that determine whether perceived passion leads to higher evaluations of funding potential. Journal of Business Venturing(5).

Monga A B, John D R, 2007. Cultural differences in brand extension evaluation: The influence of analytic versus holistic thinking. Journal of Consumer Research (4).

Murphy G B, Trailer J W, Hill R C, 1996. Measuring performance in entrepreneurship research. Journal of business research (1).

Murnieks C Y, Mosakowski E, Cardon M S, 2014. Pathways of Passion Identity Centrality, Passion, and Behavior among Entrepreneurs. Journal of Management (6).

Nahapiet J, Ghoshal S, 1998. Social capital, intellectual capital, and the organizational advantage. Academy of management review (2).

Nisbett R E, Peng K, Choi I, et al, 2001. Culture and systems of thought: holistic versus analytic cognition. Psychological review (2).

Nisbett R, 2004. The Geography of Thought: How Asians and Westerners Think Differently. Brock Education A journal of Educational Research & Practice (2).

Okazaki S, Mueller B, Diehl S, 2013. A Multi-Country Examination Of Hard-Sell and Soft-Sell Advertising Comparing Global Consumer Positioning In Holistic- and Analytic-Thinking Cultures. Journal of Advertising Research (3).

Paletz S B, Peng K, 2009. Problem finding and contradiction: Examining the relationship between naive dialectical thinking, ethnicity, and creativity. Creativity Research Journal (2-3).

Park S H, Luo Y, 2001. Guanxi and organizational dynamics: Organizational networking in Chinese firms. Strategic Management Journal (5).

Park N, Jin B, Jin S A A, 2011. Effects of self-disclosure on relational intimacy in Facebook. Computers in Human Behavior (5).

Patel P C, Thorgren S, Wincent, J, 2015. Leadership, Passion and Performance: A Study of Job Creation Projects during the Recession. British Journal of Management (2).

Pavlou P A, El S O A, 2006. From IT leveraging competence to competitive advantage in turbulent environments: The case of new product development. Information Systems Research (3).

Peng K, Nisbett R E, 1999. Culture, dialectics, and reasoning about contradiction. American Psychologist (9).

Peng M W, Luo Y, 2000. Managerial ties and firm performance in a transition economy: The nature of a micro-macro link. Academy of Management Journal (3).

Podsakoff P M, Organ D W, 1986. Self-reports in organizational research: Problems and prospects. Journal of Management (4).

Preacher K J, Hayes A F, 2008. Asymptotic and resampling strategies for assessing and comparing indirect effects in multiple mediator models. Behavior research methods (3).

Ramasamy B, Goh K W, Yeung M C, 2006. Is Guanxi (relationship) a bridge to knowledge transfer?. Journal of Business Research (1).

Ramos-Rodríguez A R, Medina-Garrido J A, Lorenzo-Gómez J D, et al, 2010. What you know or who you know? The role of intellectual and social capital in opportunity recognition. International Small Business Journal (6).

Reger R K, 1997. Strategic leadership: top executives and their effects on organizations. Academy of management review (3).

Rhee J, Park T, Lee D H, 2010. Drivers of innovativeness and performance for innovative SMEs in South Korea: Mediation of learning orientation. Technovation (1).

Ritala P, Hurmelinna-Laukkanen P, 2013. Incremental and radical innovation in coopetition: The role of absorptive capacity and appropriability. Journal of Product Innovation Management (1).

Sadler-Smith E, 2004. Cognitive style and the management of small and medium-sized enterprises. Organization studies (2).

Sandberg W R, Hofer C W, 1988. Improving new venture performance: The role of strategy, industry structure, and the entrepreneur. Journal of Business venturing (1).

Scherer K R, 2005. What are emotions? And how can they be measured? Social science information (4).

Schumpeter J A, 1934. Entrepreneurship as innovation Swedberg R. Entrepreneurship:The social Science view.Oxford University Press.

Semrau T, Hopp C, 2016. Complementary or compensatory? A contingency perspective on how entrepreneurs' human and social capital interact in shaping start-up progress. Small Business Economics (3).

Sethi R, Iqbal Z, 2008. Stage-Gate Controls, Learning Failure, and Adverse Effect on Novel New Products. Journal of Marketing (1).

Shane S, Venkataraman S, 2000. The promise of entrepreneurship as a field of research. Academy of management review (1).

Shane S, 2000. Prior knowledge and the discovery of entrepreneurial opportunities. Organization science (4).

Shane S A, 2003. A general theory of entrepreneurship: The individual-opportunity nexus. Edward Elgar Publishing.

Sheng S, Zhou K Z, Li J J, 2011. The effects of business and political ties on firm performance: Evidence from China. Journal of Marketing (1).

Short J C, Ketchen Jr D J, Shook C L, et al, 2010. The concept of "opportunity" in entrepreneurship research: Past accomplishments and future challenges. Journal of Management (1).

Singh J V, Tucker D J, House R J, 1986. Organizational Legitimacy and the Liability of Newness. Administrative Science Quarterly (2).

Simon M, Houghton S M, Aquino K, 2000. Cognitive biases, risk perception, and venture formation: How individuals decide to start companies. Journal of business venturing (2).

Škerlavaj M, Song J H, Lee Y, 2010. Organizational learning culture, innovative culture and innovations in South Korean firms. Expert Systems with Applications (9).

Smilor R W, 1997. Entrepreneurship: Reflections on a subversive activity. Journal of Business Venturing (5).

Souitaris V, Maestro B M, 2010. Polychronicity in top management teams: The impact on strategic decision processes and performance of new technology ventures. Strategic Management Journal (6).

Stam W, Elfring T, 2008. Entrepreneurial orientation and new venture performance: The moderating role of intra-and extra industry social capital. Academy of Management Journal (1).

Staw B M, Barsade S G, 1993. Affect and managerial performance: A test of the sadder-but-wiser vs. happier-and-smarter hypotheses. Administrative Science Quarterly (2).

Stinchcombe A,1965.Social structure and organizations//March J.Handbook of organizations. Chicago:Rand McNally.

Su J, Zhai Q, Landström H, 2015. Entrepreneurship research in China: internationalization or contextualization?. Entrepreneurship & Regional Development (1-2).

Syed I, Mueller B, 2015. From Passion to Alertness: An Investigation of the Mechanisms through which Passion Drives Alertness. Academy of Management Proceedings (1).

Taormina R J, Gao J H, 2010. A research model for Guanxi behavior: Antecedents, measures, and outcomes of Chinese social networking. Social Science Research (6).

Tan J, 2001. Innovation and risk-taking in a transitional economy: A comparative study of Chinese managers and entrepreneurs. Journal of Business Venturing (4).

Thornhill S, 2006. Knowledge, innovation and firm performance in high-and low-technology regimes. Journal of Business Venturing (5).

Timmons J A, 1989 The entrepreneurial mind. Andover MA: Brick House Publishing.

Tocher N, Oswald S L, Shook C L, et al, 2012. Entrepreneur political skill and new venture performance: Extending the social competence perspective. Entrepreneurship & Regional Development (5-6).

Trkman P, McCormack K, 2009. Supply chain risk in turbulent environments—A conceptual model for managing supply chain network risk. International Journal of Production Economics (2).

Tsai J L, Knutson B, Fung H H, 2006. Cultural variation in affect valuation. Journal of Personality and Social Psychology (2).

Tsui A S, 2004. Contributing to global management knowledge: A case for high quality indigenous research. Asia Pacific Journal of Management (4).

Trettin L, Welter F, 2011. Challenges for spatially oriented entrepreneurship research. Entrepreneurship & Regional Development (7-8).

Tung R L, Walls J, Frese M, 2007. Cross-cultural entrepreneurship: The case of China// Baum J R, Frese M, BaronR (Eds). The psychology of entrepreneurship, Mahwah, NJ: Erlbaum.

Ucbasaran D, Westhead P, Wright M, 2008. Opportunity identification and pursuit: Does an entrepreneur's human capital matter? Small Business Economics (2).

Vallerand R J, Salvy S J, Mageau G A, et al, 2007. On the role of passion in performance. Journal of Personality (3).

Venkatraman N, Ramanujam V, 1986. Measurement of business performance in strategy research: A comparison of approaches. Academy of management review (4).

Walter A, Auer M, Ritter T, 2006. The impact of network capabilities and entrepreneurial orientation on university spin-off performance. Journal of Business Venturing (4).

Welter F, 2011. Contextualizing entrepreneurship—conceptual challenges and ways forward. Entrepreneurship Theory and Practice (1).

Wiklund J, Shepherd D, 2005. Entrepreneurial orientation and small business performance: a configurational approach. Journal of Business Venturing (1).

Wong P K, Ho Y P, Autio E, 2005. Entrepreneurship, innovation and economic growth: Evidence from GEM data. Small Business Economics (3).

Yao X, Yang Q, Dong N, et al, 2010. Moderating effect of Zhong Yong on the relationship between creativity and innovation behaviour. Asian Journal of Social Psychology (1).

Yeung I Y, Tung R L, 1996. Achieving business success in Confucian societies: The importance of guanxi (connections). Organizational Dynamics (2).

Yitshaki R, Kropp F, 2016. Entrepreneurial passions and identities in different contexts: a comparison between high-tech and social entrepreneurs. Entrepreneurship & Regional Development (3-4).

Zapalska A M, Edwards W, 2001. Chinese entrepreneurship in a cultural and economic perspective. Journal of Small Business Management (3).

Zahra S A, Wright M, 2011. Entrepreneurship's next act. The Academy of Management Perspectives (4).

Zahra S A, 1996. Technology strategy and new venture performance: a study of corporate-sponsored and independent biotechnology ventures. Journal of business venturing (4).

Zahra S A, Neubaum D O, El-Hagrassey G M, 2002. Competitive analysis and new venture performance: Understanding the impact of strategic uncertainty and venture origin. Entrepreneurship Theory and Practice (1).

Zhang G, Bai Y, Caza A, et al, 2014. Leader Integrity and Organizational Citizenship Behaviour in China. Management and Organization Review (2).

Zhao Y L, Song M, Storm G L, 2013. Founding team capabilities and new venture performance: The mediating role of strategic positional advantages. Entrepreneurship Theory and Practice (4).

Zhou L, Wu W P, Luo X, 2007. Internationalization and the performance of born-global SMEs: the mediating role of social networks. Journal of International Business Studies (4).

Zhu Y, 2015. The Role of Qing (Positive Emotions) and Li 1 (Rationality) in Chinese Entrepreneurial Decision Making: A Confucian Ren-Yi Wisdom Perspective. Journal of Business Ethics (4).

Zhu Y, 2011. Practical Confucian Wisdom and Entrepreneurship Development and Training. Philosophy of Management (1).

Zimmerman M A, Zeitz G , 2002J. Beyond survival: Achieving new venture growth by building legitimacy. Academy of Management Review (3).

陈昀,贺远琼,2012.创业认知研究现状探析与未来展望.外国经济与管理,34(12).

陈海涛,于晓宇,2011.机会开发模式、战略导向与高科技新创企业绩效.科研管理(12).

陈海涛,2007.创业机会开发对新创企业绩效的影响研究.吉林:吉林大学.

陈文玲,张茉楠,2015."双创"战略:中国经济转型必然抉择.瞭望(49).

陈建勋,凌媛媛,刘松博,2010.领导者中庸思维与组织绩效:作用机制与情境条件研究.南开管理评论(2).

陈文婷,王俊梅,2015.人情还是规则更重要? ——不同行业制度环境下创业者社会关系与企业创新绩效的关系研究.经济管理(9).

杜运周,任兵,张玉利,2009.新进入缺陷、合法化战略与新企业成长.管理评论(8).

杜运周,任兵,陈忠卫,等,2008.先动性,合法化与中小企业成长——一个中介模型及其启示.管理世界(12).

丁栋虹,2006.创业管理.北京:清华大学出版社.

丁明磊,杨芳,王云峰,2009.试析创业自我效能感及其对创业意向的影响.外国经济与管理(5).

段锦云,凌斌,2011.中国背景下员工建言行为结构及中庸思维对其的影响.心理学报(10).

方卓,张秀娥,2016.创业激情有助于提升大学生创业意愿吗?.外国经济与管理(7).

费孝通,2005.乡土中国.北京:北京出版社.

房路生,2010.企业家社会资本与创业绩效关系研究.西安:西北大学.

韩炜,薛红志,2008.基于新进入缺陷的新企业成长研究前沿探析.外国经济与管理(5).

何晓斌,蒋君洁,杨治,等,2013.新创企业家应做"外交家"吗?——新创企业家的社交活动对企业绩效的影响.管理世界(6).

黄胜兰,2015.创业型领导对新创企业绩效的作用机理研究.合肥:中国科学技术大学.

刘巧虹,2016.领导者中庸思维对沟通满意度的影响简.领导科学(10).

刘亚军,陈进,2016.创业者网络能力、商业模式创新与创业绩效关系的实证研究.科技管理研究(18).

廖伟伦,2013.中庸思维在领导与部属效能关系间的关键角色.台南:成功大学.

李兰,2009.企业家精神:2009.中国企业家成长与发展报告.北京:中国人民大学出版社.

梁祺,王影,2016.生涯适应力,创业激情和创业意愿关系研究.科学学与科学技术管理,37(1).

林强,2003.基于新创企业绩效决定要素的高科技企业孵化机制研究.北京:清华大学.

苗青,2005.基于认知观的创业过程研究.心理科学(5).

买忆媛,姚芳,2010.创业者先前技术经验对创业企业创新活动的影响.科学学与科学技术管理(9).

曲阳,2014.中庸型领导对组织领导力发展的影响及演化机制研究.天津:南开大学.

沈毅,2005.人缘取向:中庸之道的人际实践——对中国人社会行为取向模式的再探讨.南京大学学报(5).

孙旭,严鸣,储小平,2014.坏心情与工作行为:中庸思维跨层次的调节作用.心理学报(11).

汤淑琴,蔡莉,陈娟艺,等,2015.经验学习对新企业绩效的动态影响研究.管理学报(8).

王琨,闫伟,2016.创业对经济增长的影响.经济与管理研究(6)

王强,2012.新创企业界定标准研究.吉林:吉林大学.

王启康,2014.论评价的心理机制——兼论情感和认知的内在关系.南京师大学报(6).

吴佳辉,林以正,2005.中庸思维量表的编制.本土心理学研究(24).

谢雅萍,陈小燕,2014.创业激情研究现状探析与未来展望.外国经济与管理(5).

谢雅萍,陈小燕,叶丹容,2016.创业激情有助于创业成功吗?.管理评论(11).

杨俊,张玉利,刘依冉,2015.创业认知研究综述与开展中国情境化研究的建议.管理世界(9).

杨中芳,2009.传统文化与社会科学结合之实例:中庸的社会心理学研究.中国人民大学学报(3).

余红剑,2007.新创企业外部网络关系品质内部能力与成长绩效研究.杭州:浙江大学.

张凤海,2013.动态能力对新创企业绩效的影响机理研究.大连:大连理工大学.

周键,2016.创业激情对创业成长的影响及作用机制研究.科学学与科学技术管理(12).

张光曦,古昕宇,2015.中庸思维与员工创造力.科研管理(1).

张军伟,龙立荣,2016.服务型领导对员工人际公民行为的影响:宽恕氛围与中庸思维的作用.管理工程学报(1).

赵志裕,2010.中庸实践思维的道德性、实用性、文化特定性及社会适应性.本土心理学研究(34).

钟年,彭凯平,2005.文化心理学的兴起及其研究领域.中南民族大学学报(人文社会科学版)(6).

张梦琪,2015.创业者社会资本、创业机会开发与新创企业成长关系研究.吉林:吉林大学.

附 录 APPENDIX

附录1 企业家调查问卷1

尊敬的女士/先生：

您好！感谢您在百忙之中抽出时间参与本次问卷调查。此研究主要是为了了解<u>贵公司经营方面</u>相关情况。<u>问卷不涉及企业商业机密,所获信息仅作统计分析</u>,请您放心作答。

感谢您对此次问卷调查的支持与配合！

---

1. 公司名称: _____

2. 您的年龄: _____岁

3. 您的性别:□男 □女

4. 您的婚姻状况:□单身 □已婚 □其他

5. 您的受教育程度:□初中及以下 □高中 □专科 □本科 □硕士及以上

6. 您创业之前担任过的最高职位:□高层管理者 □中层管理者 □基层管理者
   □一般员工

7. 公司成立年限(年):<u>1年及以下</u> 2 3 4 5 6 7 8 9 10 11及以上

8. 公司资产规模(万元):□≤50 □50~100 □101~200 □201~300 □301~500
   □501~1000 □1001~2000 □2001~3000 □≥3001

9. 公司所在行业:□制造业 □批发、零售业 □住宿、餐饮业 □交通运输、仓储和邮政业
   □房地产业 □建筑业 □金融、保险业 □教育文化业 □农林牧副渔业
   □其他

1. 下列各项描述了贵公司的绩效,请在您认为合适的选项上打"√"。

	公司绩效	完全不同意	不同意	不确定	同意	完全同意
1	与竞争对手相比,我公司绩效良好	☐	☐	☐	☐	☐
2	与竞争对手相比,我公司盈利性良好	☐	☐	☐	☐	☐
3	与竞争对手相比,我公司市场份额增加	☐	☐	☐	☐	☐
4	与竞争对手相比,我公司快速成长	☐	☐	☐	☐	☐

2. 下列各项描述了贵公司的组织创新,请在您认为合适的选项上打"√"。

	组织创新	完全不同意	不同意	不确定	同意	完全同意
1	我公司强调研发、技术领先和创新	☐	☐	☐	☐	☐
2	我公司的新产品或服务是创新的	☐	☐	☐	☐	☐
3	我公司在最近三年里有很多新产品或服务推向市场	☐	☐	☐	☐	☐

3. 下列各项描述了贵公司的社会网络关系,请在您认为合适的选项上打"√"。

	社会网络关系	完全不同意	不同意	不确定	同意	完全同意
1	我公司与供应商有良好的关系	☐	☐	☐	☐	☐
2	我公司与顾客有良好的关系	☐	☐	☐	☐	☐
3	我公司与竞争者有良好的关系	☐	☐	☐	☐	☐
4	我公司与技术合作者有良好的关系	☐	☐	☐	☐	☐
5	我公司与经销商有良好的关系	☐	☐	☐	☐	☐
6	我公司与各级政府有良好的关系	☐	☐	☐	☐	☐
7	我公司与监管机构(税务局、工商局等)有良好的关系	☐	☐	☐	☐	☐
8	我公司与地方政府官员保持良好关系	☐	☐	☐	☐	☐
9	我公司与行业内权威有良好的关系	☐	☐	☐	☐	☐

4. 下列各项描述了贵公司面临的环境特点,请在您认为合适的选项上打"√"。

技术动态性	完全不同意	不同意	不确定	同意	完全同意
1 市场中的技术创新较快	☐	☐	☐	☐	☐
2 行业内出现大量的技术创新	☐	☐	☐	☐	☐
3 技术创新带来了大量的机会	☐	☐	☐	☐	☐
4 未来五年的技术变化很难预测	☐	☐	☐	☐	☐
5 技术创新是新产品开发的主要方式	☐	☐	☐	☐	☐
市场动态性	完全不同意	不同意	不确定	同意	完全同意
1 客户很难接受新产品	☐	☐	☐	☐	☐
2 客户需求变化较快	☐	☐	☐	☐	☐
3 新客户与老客户的产品需求不一致	☐	☐	☐	☐	☐
4 客户群体特征变化较快	☐	☐	☐	☐	☐

5. 下列各项描述了您的创业激情,请在您认为合适的选项上打"√"。

创办企业的激情	完全不同意	不同意	不确定	同意	完全同意
1 我热衷于搜寻新的创业机会	☐	☐	☐	☐	☐
2 我很高兴能找到尚未被满足的市场需求	☐	☐	☐	☐	☐
3 我有内在动力去优化现有的产品或服务	☐	☐	☐	☐	☐
4 我很享受搜寻关于产品或服务新想法的过程	☐	☐	☐	☐	☐
5 我乐于去发现解决问题的新方法	☐	☐	☐	☐	☐
建立企业的激情	完全不同意	不同意	不确定	同意	完全同意
1 我热衷于建立新公司	☐	☐	☐	☐	☐
2 我热衷于成为企业家	☐	☐	☐	☐	☐
3 我乐于创建公司并促进其成长	☐	☐	☐	☐	☐
4 我有激情去创建自己的公司	☐	☐	☐	☐	☐

续表

	促进企业发展的激情	完全不同意	不同意	不确定	同意	完全同意
1	我喜欢去寻找适合企业发展的人员	☐	☐	☐	☐	☐
2	我知人善任,根据人才的特点安排他们的工作	☐	☐	☐	☐	☐
3	我热衷于培育并促进公司的成长	☐	☐	☐	☐	☐
4	我有动力去推动员工(包括我自己)去为企业努力工作	☐	☐	☐	☐	☐

6. 下列各项描述了您的中庸思维,请在您认为合适的选项上打"√"。

	全面性	完全不同意	不同意	不确定	同意	完全同意
1	我习惯从多角度来思考同一件事情	☐	☐	☐	☐	☐
2	在意见表决时,我会听取所有的意见	☐	☐	☐	☐	☐
3	做决定时,我会考虑各种可能的状况	☐	☐	☐	☐	☐
4	讨论意见时,我会兼顾与我观点不同的意见	☐	☐	☐	☐	☐
	整合性	完全不同意	不同意	不确定	同意	完全同意
1	我会将自己的意见融入他人的想法	☐	☐	☐	☐	☐
2	我会在自己与他人的意见中,找到一个平衡点	☐	☐	☐	☐	☐
3	我会在考虑他人的意见后,调整我原来的想法	☐	☐	☐	☐	☐
4	我期待在讨论的过程中,能够获得具有共识的结论	☐	☐	☐	☐	☐

5	我会在意见不统一时,找出让大家都能够接受的意见	□	□	□	□	□
	和谐性	完全不同意	不同意	不确定	同意	完全同意
1	我通常会以委婉的方式表达具有冲突的意见	□	□	□	□	□
2	我在做决定时,通常会考虑整体气氛的和谐性	□	□	□	□	□
3	做决定时,我通常会顾及整体和谐而调整自己的表达方式	□	□	□	□	□
4	做决定时,我试着以和谐的方式让少数人接受多数人的意见	□	□	□	□	□

附录2　企业家调查问卷2

1. 公司名称:＿＿＿＿＿＿＿＿＿＿＿＿＿＿＿＿＿＿＿＿＿＿＿＿
2. 您的年龄:＿＿＿岁
3. 您的性别:□男　□女
4. 您的受教育程度:□初中及以下　□高中　□专科　□本科　□硕士及以上
5. 公司成立年份:＿＿＿＿＿年
6. 公司员工人数:＿＿＿＿＿人
7. 您有与现在公司所属行业相关的行业经历:□是　□否

　　1. 下列各项描述了您的社会资本,请在您认为合适的选项上打"√"。

	社会资本	完全不同意	不同意	不确定	同意	完全同意
1	我结交了许多新的生意伙伴	□	□	□	□	□
2	我了解了许多新的生意伙伴	□	□	□	□	□
3	我结交了许多与我志趣相投的人	□	□	□	□	□
4	我了解了许多生意圈中的新朋友	□	□	□	□	□

续表

	社会资本	完全不同意	不同意	不确定	同意	完全同意
5	我结交了许多对我生意有帮助的人	□	□	□	□	□
6	我了解了许多对我生意有帮助的人	□	□	□	□	□
7	我经常关心生意伙伴	□	□	□	□	□
8	我经常让生意伙伴感到开心	□	□	□	□	□
9	我经常与生意伙伴互动交流	□	□	□	□	□
10	我经常对生意伙伴表达友好之意	□	□	□	□	□
11	我经常与以前的生意伙伴保持联系	□	□	□	□	□

2. 下列各项描述了贵公司的绩效,请在您认为合适的选项上打"√"。

	公司绩效	完全不同意	不同意	不确定	同意	完全同意
1	与竞争对手相比,我公司绩效良好	□	□	□	□	□
2	与竞争对手相比,我公司盈利性良好	□	□	□	□	□
3	与竞争对手相比,我公司市场份额增加	□	□	□	□	□
4	与竞争对手相比,我公司快速成长	□	□	□	□	□

3. 下列各项描述了贵公司的机会获取能力,请在您认为合适的选项上打"√"。

	当面临机会时,我公司	完全不同意	不同意	不确定	同意	完全同意
1	警觉性强,能够快速抓住商业机会	□	□	□	□	□
2	会关注具有高发展潜力的商业机会	□	□	□	□	□
3	能够开发商业机会的潜在价值,以创造竞争优势	□	□	□	□	□

后 记 AFTERWORD

● ■ □

可能因为自小成长在西北空旷苍凉、飞沙走石的环境下,自己反而更喜欢江南的阴雨绵绵与小桥流水。博士毕业后毅然决定要来我最中意的江南城市杭州工作,期待在江南烟雨中追寻我的诗和远方。在杭州两年多的时间里,工作和生活都发生了很大的变化,幸得师友的陪伴、家人的支持,在此真诚感恩。

首先,感谢我在浙大的博士后合作导师陈凌老师和窦军生老师。陈老师给了我在浙大企业家学院工作的机会,让我能够实现在杭工作学习的愿望。陈老师以其根植于内心的深厚人文情怀感染着我,让我学会了以更宽广的视野去汲取知识、丰富自我。感谢窦老师给了我宽松的工作环境,让我能够自由探索自己感兴趣的研究主题。窦老师就像我的一位兄长,给初入职场的我很多职业建议和指导,也给予我很多生活上的关怀,让我能够更快地适应在浙大的工作和生活。

其次,感谢企业家学院的章迪禹、张玮、王丹、傅颖、韦笑、王健茜、谢惊晶、包佳、王宁、陈远、谢慧芹等。感谢他们在我来到企业家学院之后,给予我的友谊与关爱,让我能够感受到自己被一个大家庭所接受、拥抱,让我能够更快更高效地融入企业家学院这个大集体。

最后,感谢我的家人,特别是我的妈妈。来杭以后,我生活最大的变化就是儿子的出生。儿子的降生打乱了我的生活,我不能够像原来一样过"996"的学术生活,我需要分更多的精力给这个幼小无助的小家伙。感谢我的妈妈能够放弃自己熟悉的乡音和环境,来到杭州帮我照顾调皮可爱的小量量,让我能够安心学术,完成在浙大的工作。

2019 年 9 月 27 日

图书在版编目（CIP）数据

创业者中庸思维与创业激情对新创企业绩效的影响机制研究 / 马翠萍著. —杭州 ： 浙江大学出版社，2019.12
ISBN 978-7-308-19961-2

Ⅰ. ①创… Ⅱ. ①马… Ⅲ. ①创业—研究 Ⅳ. ①F241.4

中国版本图书馆 CIP 数据核字（2020）第 012641 号

创业者中庸思维与创业激情对新创企业绩效的影响机制研究

马翠萍 著

责任编辑	陈佩钰	
文字编辑	严　莹	
责任校对	杨利军　黄梦瑶	
封面设计	棱智广告	
出版发行	浙江大学出版社	
	（杭州市天目山路 148 号　邮政编码 310007）	
	（网址:http://www.zjupress.com）	
排　版	杭州朝曦图文设计有限公司	
印　刷	杭州良渚印刷有限公司	
开　本	710mm×1000mm　1/16	
印　张	8.5	
字　数	136 千	
版 印 次	2019 年 12 月第 1 版　2019 年 12 月第 1 次印刷	
书　号	ISBN 978-7-308-19961-2	
定　价	48.00 元